大是文化

我用死薪水輕鬆理財賺千萬

16歲就能懂、26歲就置產的投資祕訣

《華爾街日報》推崇的素人投資家
安德魯・哈藍（Andrew Hallam）—著
丁惠民—譯

Millionaire Teacher:
The Nine Rules of Wealth You Should Have Learned in School

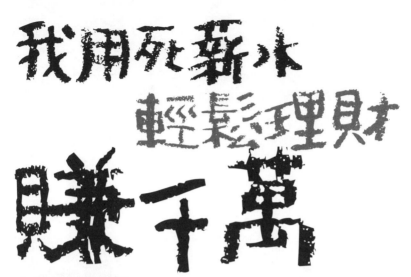

CONTENTS

CONTENTS

CONTENTS

各界讚譽

過去，不投資才是最大的風險；如今，在金融商品推陳出新之際，對投資商品內容的不了解，胡亂投資的風險更大。三十年來，我全國巡迴演講逾千場，我認為財富要倍增，功夫一定要下得深，無知才是現今投資市場最大的風險所在。

——朱成志，萬寶投顧董事長

你是否花得太多、存得太少？你是否不明白為何投資總是受挫？安德魯・哈藍以簡潔、輕鬆且具說服力的筆觸，說明原因並提供解決方案。任何國家的投資人都可以運用這些策略。

——威廉・伯恩斯坦（William Bernstein），《投資金律》（*The Four Pillars of Investing*）作者

哈藍將歷久不衰的理財心得，精煉成九個容易了解及遵循的法則。投資新手不可能找到比本書更好的指南了。

——波頓．墨基爾（Burton G. Malkiel），《漫步華爾街》（*A Random Walk Down Wall Street*）作者、普林斯頓大學教授

把本書送給年輕人，等於送給他們一輩子的財務獨立與成功。

——羅伯．麥爾茲（Robert Miles），《巴菲特沒有秘密》（*Warren Buffett Wealth*）作者

這是一本投資寶典，任何人都能從中獲益良多。最值得一提的是，文風淺顯易懂，從第一頁到最後一頁都讓讀者目不轉睛。

——比爾．蘇西斯（Bill Schultheis），《不看盤，我才賺到大錢》（*The New Coffeehouse Investor*，中文版由大是文化出版）作者、Soundmark財富管理公司（Soundmark Wealth Management）合夥人

如果你今年只買一本書，就要買這本。研究指出，許多投資人的理財觀念並不正

確。本書啟發新一代的投資人，讓他們可以打敗華爾街，並成功退休。

——保羅．法萊爾（Paul B. Farrell），《千萬富翁密碼》（*The Millionaire Code*）、《致勝投資組合》（*The Winning Portfolio*）作者

本書讀起來非常輕鬆，從基本開始談起，並精闢點出個人理財投資的真正關鍵。作者以幽默的筆觸，深入淺出的傳達不可不知的理財觀念。

——史考特．伯恩斯（Scott Burns），資產創建公司（AssetBuilder Inc.）投資策略長、環球新聞社（Universal Press Syndicate）個人理財專欄作家

本書是投資新手的正確選擇，作者不只從個人財務生涯的觀點提出致勝策略，更提供九個馬上就做得到的投資法則，讓讀者可以晉身千萬富翁。如果你身邊有人即將面臨財務危機，請推薦他們讀這本書。

——賴瑞．斯維德羅（Larry Swedroe），《冒險的必要》（*The Quest for Alpha*）作者、白金漢金融服務集團（The Buckingham Family of Financial Services）合夥人與研究主管

總是要隔好長一段時間，我才會讀到一本我認為應該和所有認識的人分享的理財書。本書就是這樣一本書！

——查理士・科克（Charles Kirk），理財部落格「科克報告」（The Kirk Report）

作者證明了不需要高薪、搞懂複雜的股票交易，或是尋求理財顧問的協助，一樣可以變成有錢人。本書蘊含許多智慧，適合每個人閱讀，包括新手與經驗豐富的投資人。

——約翰・亨佐（John Heinzl），《環球郵報》（*The Globe and Mail*）商業財經專欄作家

當被問到推薦高中生或大學畢業生讀什麼書時，我一定會選擇這本。本書充滿閱讀樂趣，而且毫無疑問的，可以提升年輕人與成年人的理財能力。

——羅伯特・瓦士列斯基（Robert Wasilewski），RW投資策略公司（RW Investment Strategies）總經理、DIY投資人（DO-It-Yourself Investor）部落格作者

推薦序

一個牛皮紙袋，藏著致富關鍵

文／伊安．麥古根（Ian McGugan）
《環球郵報》資深編輯、《財識》雜誌創始總編輯

每位雜誌編輯在收到一個牛皮紙信封，裡面裝著不請自來的手稿時，都會感到不安、害怕。很可能那裡面還有一封信，開頭寫著：「親愛的編輯，這篇一萬五千字的文章中，揭露了用氟化物控制人類思想的國際陰謀。請立刻打電話給我，以便討論何時刊登這篇文章。」

雖然會碰到一些怪事，但是編輯仍希望能在收到的許多牛皮紙信封中，發現一件好東西。我告訴你，大約在十年前，這個希望真的實現了。我有真憑實據嗎？有，那就是安德魯．哈藍。

當哈藍寄來的牛皮紙信封，送到我在《財識》（*MoneySense*，編按：加拿大第一理財刊物，讀者超過八十萬人）雜誌的辦公桌上時，我從未見過哈藍。這個信封裡，裝著一疊有關華倫．巴菲特（Warren Buffett）的打字稿。我記得那時候，我在辦公室裡閱讀這份書稿，並凝望窗外的景物，思考該怎麼處理。我可以感覺到哈藍的熱情在字裡行間跳躍，而且他的知識淵博。另一方面，我還想知道哈藍這個傢伙到底是誰？為什麼會將巴菲特的英文少拼了一個「t」？

我決定打電話給哈藍，而我一生都會慶幸自己這樣做了。哈藍告訴我，他是溫哥華島的一名教師，熱愛投資。當然，他很樂意重新修改那篇文章，並加上一個「t」，還給巴菲特先生完整的英文姓氏。

後來，哈藍將那篇文章修改得很好，而且在接下來的幾年裡持續供稿給我們。他述說了股市中的趣聞軼事、議價的藝術，以及他決定遷居新加坡，在當地美國學校擔任教職。

一路走來，我發現哈藍活生生的證明了個人理財理論確實可行。他收入中等，與華爾街完全沒有關聯。但是，從哈藍的故事中可以清楚看到，他確實以驚人的速度累積財富。

不過，我其實不太了解哈藍究竟是怎麼樣的人。我和他一直都是透過電話和電子郵件聯繫，因此我只能在腦海中想像。不過，當他安排我前往新加坡，並在新加坡美國學校教了一週的寫作課程之後，這些想像全部都改觀了。

從生活看出富翁特質

第一次和哈藍面對面時，有三件事讓我感到驚訝。第一，我知道這聽起來很膚淺，但是我無法不注意到哈藍的小麥色皮膚。

哈藍不像我們這些體型越來越像酒桶的人，他有著修長精實、令人稱羨的體型，看起來就是能在遼闊原野上盡情奔跑的樣子。之前，哈藍曾告訴我，他是一名長跑者，但我並未意識到，原來他可以跑贏好幾千人。後來，在我待在新加坡的那一週，我每天都看到哈藍穿上跑鞋，跑完一段很長的距離；換做是我，一定會招手叫計程車，並找個地方吃午餐。哈藍以秒針般的精準度，監控自己的跑步訓練。

哈藍的第二個特質是充滿熱情。在那一週以及往後的幾年裡，我曾經看到哈藍面對壓力，但是我從未見過他灰心喪志、憤怒不滿或是看輕自己。

哈藍吸引我注意的第三個特質，是他樂在教育。我看著哈藍帶領一班十五歲大的學生，引導他們對於學習產生興趣，而且哈藍會即時反應，給予刺激，讓他們享有學習的喜悅。這讓我意識到，高中教師每天創造出多少奇蹟，而這個社會卻沒有給他們應有的肯定。

這一切和金錢有什麼關係呢？在本書裡，哈藍說出了他在致富之路上的經驗。我想要強調的是，他傳達了很重要的一點：金錢不只是金錢，而是一種更寬廣的經驗。哈藍在成功的累積財富的同時，不但是全心投入的教師和優秀的運動員，更是快樂、滿足的人。這本書證實了，你不一定得是會計師或吝嗇鬼，一樣可以成為有錢人。

在探討「財富」這個主題時，哈藍透過他長跑的經驗來建立理財觀念，**他建議的致富之道是從務實開始。長跑冠軍無法靠說謊取得勝利，而是必須接受跑步訓練，並長時間投入努力。個人理財也是如此。**

有錢沒有捷徑，用對方法才行

哈藍和許多作者的不同之處在於，他並未在書中推銷快速致富的方法。他只是告訴你，如果持續遵循一個簡單的計畫，那麼幾年下來，你就能夠比大部分的街坊鄰居更快的創造財富。事實上，他在書中說明，你只要避開理財顧問企圖塞進你投資組合中的高價產品，就能夠比八〇％的人賺得更多。

有些人企圖用財務預測來嚇唬讀者，有些人則號稱，投入某個業種可以創造可觀獲利，以擄獲讀者。哈藍兩者都不做，相反的，他用一貫熱情有勁的態度，告訴你如何以樂觀的方式來看待整體經濟環境，而且長期下來，這種習慣會讓你得到回報，即便在金融危機時也是如此。尤其，如果你是位年輕的投資者，你將會驚訝的學到，應該祈禱市場下跌而非上揚。

哈藍以一種所有人都會欣賞的方式，來傳達他的訊息。他的文字風趣、具個人風格、充滿希望，而且從許多方面批評金融服務業，如何破壞我們建立財富的意圖及努力。就像你對好老師的期待一樣，哈藍既嚴厲又有親和力。

對於中等收入的人而言，本書不只有趣，更是務實的指南，指點人們如何累積財富。我很高興自己多年前打開了那個牛皮紙信封，而打開本書的你也會同樣感到喜悅。

前言

我，微薄的薪水，卻能成為千萬富翁

如果要你想一想，從事哪些職業可以讓你變成千萬富翁，那麼傳統上被視為高所得的幾個行業，應該會閃過你的腦海。它們是律師、醫療人員、企業家，還是牙醫師？

在想要致富的人當中，極少人會選擇我的職業──高中英語教師，這充其量只能算是中等收入工作。不過，我在三十多歲時，就成為零負債的千萬富翁。

我從來不做太冒險的投資，也沒有繼承到任何錢，而且自己支付了大學全部的學費。我如何能夠在未滿四十歲之前，不但付清所有的學費，還累積出超過百萬美元的財富，並且零負債？

我很幸運，從一些謹慎理財的人身上學到知識並獲得啟發，他們讓我學會了原本在高中時就應該知道的事。**大部分的高中並未正確的教導理財知識，因此你可能像數以百萬計的人一樣，被教育體系所欺騙**。我想要透過本書，幫助你彌補這一點。

你就讀高中時，是否曾經在代數、英語、歷史或生物的課堂上想著：「這些東西能夠為我的真實人生帶來什麼效益？走出校園之後，哈姆雷特的獨白、三角函數，或者有關小豬死後體內會產生什麼變化的知識，會為我帶來好處嗎？」

基本上，沒有一個簡單答案可以回答這些疑問。但無可否認的，「金錢」這個主題非常重要——不像是豬隻的解剖或是代數方程式——每個人只要嫻熟之後，就能夠受益。

大多數的家庭不想要開誠布公的談論「金錢」這件事，就像是沒有人願意承認自己和親戚中的怪胎有太多牽扯，例如大有前途的舅舅和他的郵購新娘，在標新立異的電影產業裡擔任要職。

學歷再高，理財知識卻不到高中

金錢真的是一個禁忌話題嗎？

回想一下，你的父母親是否與你分享過，他們花了多少年才還清房貸，而且這當中有哪些影響因素？他們是否向你說明過信用卡如何運作，以及自己如何理財投資？對於如何選擇家中的房車，你的父母親有哪些見解和考量？他們有沒有告訴你，自己是如何付清車款，或是必須支付哪些房屋稅和所得稅？在大多數的家庭裡，父母親不談論這些事情。

由於缺乏完整的理財投資教育，因此頂尖名校的大學畢業生的財務知識，可能只比十四歲的中學生多一點而已。所以，這些人進入職場之後，可能衣不蔽體的走在嚴冬的寒風中。

不過，別為了你那凍僵的屁股，而抱怨你的父母、中學教師或大學教授。其實，若千年前，大部分的長輩也是在暴風雪中舉步維艱，在建立家園的路途上緊抓著身上單薄的衣物。

差勁的規畫和不正確的財務教育，導致許多人養成不良的消費習性，並且陷入錯誤的投資當中。特別是，當這些人想要趕上那位習慣恣意揮霍、好像什麼都有的鄰居瓊斯時，情況更是雪上加霜。

瓊斯聽從一般理財顧問的建議進行投資，而這些顧問總是向人們保證能夠因此而致富，或者至少能夠得到一筆穩固的退休金。但是，眾多理財顧問就像是傑佛瑞・喬叟（Geoffrey Chaucer，編按：英國作家）的名著《坎特伯里故事集》（*The Canterbury Tales*）中那位有錢的赦罪僧（譯注：他是賣贖罪券的騙子）。

不過，這兩者之間有一個重要的差別。赦罪僧向基督徒詐騙金錢，他承諾受騙者可以上天堂，明白的告訴他們要付出多少代價。但是，現今的理財顧問則不然，他們將顧問費用隱藏起來。**無論理財專員看起來多麼友善，他們大多數人與你的利益沒有什麼關**

聯。由於你在學校裡沒有學到這一點，因此你到頭來很可能會發現，自己投資了錯誤的產品，並且付出高額的隱藏費用，也就是幫別人支付了賓士汽車的錢。本書將幫助你避開這樣的陷阱。

上百本討論類似主題的書籍當中，你為什麼應該要看這一本？在說明這一點之前，我必須先告訴你我撰寫本書的理由。

寫給完全不懂財務、但渴望投資的人

在學校裡，許多同事知道我除了教英文之外，還撰寫了一些有關個人理財的文章，其中有兩篇獲得加拿大國家出版獎（National Publishing Awards）理財類的決選提名。於是，這些同事希望我可以教他們如何理財投資。我計畫舉辦幾場免費的理財投資研習會，而且希望可以找到一些探討正確投資觀念的簡單書籍，將它們送給同事。

因此，我選購了十二個不同書名、總共八十冊的書籍。接著，就像在教英文一樣，研習者分成幾個小組，我與他們進行分組討論，看看他們從書中學到什麼。

不過，問題來了。對於這些同事而言，這些書的用詞就像古埃及文一樣難以理解。

許多理財作家似乎並未意識到，他們撰寫的很多東西無法停留在一般人的腦袋裡。

我必須使用不同的工具，才能夠讓我的理財投資教學有更好的成效。因此，藉由一百多位友人和同事的協助，我創作了這本書。在持續舉辦免費的理財投資研習會的過程中，我提出的問題大概比講授的內容還要多，讓我釐清了一般大學教育程度的人對於理財投資有多少概念，如此一來，我能夠教更多的人。

撰寫本書之際，我和幾十位**不懂財務知識**、**但渴望學習投資的人分享**我的作品。他們向我反應可以理解哪些內容、無法理解哪些部分，因此我得以做必要的調整，多加解說或是避免採用某些財務用語。

這一番努力的成果就是本書：由一位擁有百萬美元財富、仔細傾聽學生反應的高中教師所撰寫，告訴**你應該在學校裡學到的九個理財投資法則**。你可以學會如何像真正有錢的千萬富翁一樣花錢，並且做出最佳的投資，同時還能避開令人恐懼的陷阱、貪婪，以及不受那些想要把手伸進你荷包的人所操控。

我因為奉行這些歷久不衰、易於實踐的法則，三十多歲便成為零負債的千萬富翁，現在我把這些知識都傳授給你。

（作者注：書中出現的所有網路連結，在撰寫時都是有效的。）

第一堂課

像真的有錢人一樣花錢

我三十歲時完全不是個有錢人，不過那時候，假如我願意的話，我可以租一輛保時捷，借一大筆錢來購買一棟華麗的豪宅，並且周遊世界享受五星級假期。我可以看起來很有錢，但實際上卻擺脫不掉銀行貸款和信用卡債。事情往往不像表面上看起來那樣。

二○○四年，我在新加坡擔任一位美國男孩的家教。他母親每週六開著最新的捷豹，把他載到我家，那輛車應該高達二十五萬美元以上（在新加坡買車非常昂貴）。他們家的房子很大，而且這位女士手上戴著一支高貴的勞力士。我想他們應該是有錢人。

在教完一個段落之後，這位女士拿了一張面額一百五十美元的支票給我。她滿臉笑意，大談他們最近一次的海外旅遊，並且表示很高興我能幫她兒子上課。她走了之後，我騎著腳踏車到街上的銀行，把支票存進我的帳戶裡。

不過，那張支票跳票了，因為這位女士的戶頭裡沒有足夠的錢。當然，任何人都可能發生這種事。不過，對於這個家庭而言，這種事的發生機率就如同加德滿都（Kathmandu，尼泊爾首都）的停電一樣頻繁。我打電話給她，她在電話中請求我再多等一週。後來，那張支票終於兌現，而我表示無法再擔任她兒子的家教。

有想過會發生這樣的事嗎？畢竟，這位女士應該是個有錢人。她開捷豹、住在一棟大房子裡、戴著勞力士。而且，她老公是投資銀行家，應該可以在灑滿鈔票的游泳池裡仰泳。這個跳票事件讓我理解到，她根本不有錢。**賺很多薪水、過著有如波斯皇室般奢華生活的人，不一定就是有錢人。**

絕對不做有違財富累積的事

如果想要建立財富，也許應該像醫師做「希波克拉提斯誓詞」（Hippocratic Oath，譯注：這個誓詞寫於西元前四七〇年至西元前三六〇年間，強調醫師對患者有趨利避害的義務，也就是應避免病人受到傷害。它長期以來被西方醫學界奉為圭臬）一樣，宣示自己絕對不做傷害財富的事。

我們活在一個可以快速得到滿足的年代。如果想和地球另一端的某人聯繫，只要傳個文字訊息或是打通電話就能立刻搞定。如果想購買某樣東西，並希望它送到家門口，只要一支行動電話和一個信用卡卡號就能夠做到，即便根本沒錢可以支付。

就像前述在新加坡看似很有錢的美國人家庭一樣，如果根本沒有那麼多錢，卻要擺派頭，那麼未來的財務狀況是很容易受傷害的。世界上到處都有類似的故事，很多人過著超乎自己財力的生活。

為了不傷害自己的財務狀況，我們必須建立資產而非負債。**最受肯定的一種創造財富的方式，就是花費必須比收入少**，並且用兩者的差額做聰明的投資。**但是，太多人無法分辨什麼是他們「需要的」、什麼是「想要的」，以至於傷害了自己的財務狀況。**

許多人都認識一些剛從大學畢業就找到一份好工作，並開始走上高消費之路的人。這一切通常都在不知不覺中開始。也許，他們順手拿出信用卡，買了一張新餐桌之後，發現原本的餐具不太配，於是餐具也得升級。

接下來，他們發現沙發有點問題，和現在的餐桌搭不起來。感謝上帝，還好有信用卡，要將沙發升級並不需要花費太多時間。但不久之後，他們在朋友都還沒注意到之前，發現地毯和新沙發不配，於是開始翻閱廣告，找到一件華美的波斯精品。接著，他們夢想擁有全套的視聽娛樂系統，並將房屋翻新，然後覺得應該好好犒賞自己，於是進行一趟夏威夷之旅。

事實上，他們不是活在美好的「美國夢」裡，而是困在一個希臘神話的夢魘當中。宙斯（Zeus）對薛西佛斯（Sisyphus）所做的懲罰，就是要薛西佛斯不斷的將一顆巨石推上山頂，但是每當快要到達山頂時，巨石就往下滾落。許多人因為消費習性使然，也面臨同樣悲慘的輪迴。他們在快要付清原有的債務之際，為了獎勵自己，往往又開始在巨石上增加重量，於是又把一切推回原點。

有許多消費者覺得，存夠了錢才買某個東西（不是刷卡消費），是非常傳統的做法。事實上，**中等收入的人如果想要越來越有錢，就不能像一般人一樣花費**。我們必須摒除讓許多人陷入深淵的消費惡習。

根據《華爾街日報》的報導，二〇一〇年，美國家庭平均背負七千四百九十美元的信用卡債。《哈芬登郵報》（*The Huffington Post*，譯注：美國的線上新聞網站和知名部落格）在二〇一一年指出，二三%的美國人所背負的房貸高於房屋的實質價值，而且他們沒有足夠的錢去還清貸款。

你或許認為這些透支消費的人多半屬於低薪階層，但是請看一看以下的資料。美國作家湯瑪士．史丹利（Thomas Stanley）自一九七三年開始，研究美國的有錢人。他在他的著作《別再裝有錢》（*Stop Acting Rich*）中指出，（截至二〇〇九年的資料）在美國，擁有價值百萬美元或以上豪宅的人當中，大多數都不是千萬富翁。相反的，這些人身價不到一百萬美元，都背負巨額的房貸，卻過著非常奢華的生活。而形成強烈對比的是，在淨資產達到一百萬美元以上的富翁當中，九〇%的人都住在房價不到百萬美元的屋子裡。

如果個人理財也有所謂「希波克拉提斯誓詞」，那麼許多人應該都沒有確實遵循。你若是真的很有錢，當然可以放縱消費。但是，無論你的薪水有多麼高，如果一旦失去工作便無法過好生活，你就不算是真的有錢。

怎樣才算「真的有錢人」？

釐清「真有錢」與「假有錢」之間有何差別，是非常重要的事。唯有如此，你才不會陷入「假有錢人」的生活方式。當然，「有錢」這件事是相對的，但是**真正有錢的人應該達到以下兩個標準：**

① 如果選擇永遠不工作，還有足夠的錢過生活。

② 擁有足夠的投資、退休金或信託基金，可以提供兩倍於國內中等家庭所得的生活水準。

根據美國人口普查局（U.S. Census Bureau）的調查，二〇〇九年，美國中等家庭的收入為五萬兩千零二十一美元。因此，根據我對「有錢」的定義，如果一位美國人的投資組合，每年可以為他帶來這個數字兩倍或以上的收益（即$52,021×2＝$104,042），那麼他就算是真的有錢人。

無論在哪個國家裡，對於許多人而言，在無須工作的狀況下，仍然能夠獲得兩倍於中等家庭的所得，是一個財務上的夢想。（編按：根據主計處資料，臺灣在民國一〇七年（二〇一八年），每戶家庭可支配所得中位數為八十八萬六千元。依據這個標準，所謂「臺灣有錢人」，就是不工作卻還能保持一百七十七萬兩千元的年收入。）

什麼是「想要有錢」的花錢態度？

本書的焦點在於如何運用股票市場與債券市場進行投資，因此我舉出一個相關的例子。如果約翰建立了一個兩百五十萬美元的投資組合，那麼他每年只要賣掉其中的四%，大約就能夠得到十萬美元，而且永遠不會沒錢。如果他的投資能持續維持六%至七%的成長，他就可以賣掉多一點投資，以因應逐年增高的物價水準。

如果約翰的財務狀況是如此，我會認為他是個有錢人。如果他還有一輛法拉利和一棟價值百萬美元的房子，他就是個相當有錢的人。然而，如果約翰擁有四十萬美元的投資組合，但是他的百萬美元豪宅還有大量房貸，而且法拉利是租來的，那麼即便約翰的年薪有六十萬美元，我仍然覺得他一點也不有錢。

我並非建議我們該活得像可憐蟲，省下我們所賺的每一塊錢。我曾經試過這樣做，因此知道這並不怎麼好玩。但是，如果我們想要越來越有錢，就必須擬訂計畫並觀察花費狀況，如此才有錢投資，所以這是非常重要的第一步。如果建立財富是每個人都必須上的一門課，而且每年都要升一個年級的話，你認為成績最差的是哪些人？答案是職籃球員。

大多數的美國職籃（NBA）球員每年都能夠賺進數百萬美元，但是他們富有嗎？大部分人看起來是如此。但是，重點不在於賺多少錢，而在於怎麼用這些賺來的錢。

根據《多倫多星報》（*Toronto Star*）二〇〇八年的一篇報導指出，美國職籃球員公會的一位代表拜訪多倫多暴龍隊（Toronto Raptors），提醒球員應該節制開銷，因為高達六〇%的球員在退休後五年內就宣告破產。令人難過的是，一般來說，這些職籃球員即便具有理財常識，可是所知也真的不多。為什麼會如此？因為高中教育沒有教。

遵循本書的理財投資觀念去做，就能朝著財務獨立之路邁進。如果能夠努力落實這些法則，就會越來越有錢，而且是真正的有錢。**在書中介紹的九個致富法則當中，第一**

個法則是：用「想要有錢」的態度和方式來花錢。盡量減少購買不必要的東西，便能夠存下最多的錢，作為投資之用。

當然，這一點說起來容易，做起來並不簡單——尤其是當你看見其他人買下你也想要的東西時。不過，與其眼巴巴的看著別人家的草皮似乎更翠綠，你還不如欣賞自己的庭院，如果有需要，還可以跟你父親的那輛舊車比一比，就會覺得自己擁有的東西還不錯。這樣做能夠讓你打下財富的基礎。接下來，我說明自己的親身體驗。

購物品味太高會帶來痛苦

我十五歲那年，乘坐我父親那輛一九七五年出廠的Datsun兜風（譯注：Datsun是日產汽車的經典車款），覺得車速好像快了點。我俯向前、想看開得多快，卻發現時速表壞了。我問父親：「時速表壞了，怎麼知道車開多快呢？」

父親要我掀開腳下的車墊，他笑著說，在我腳下有個拳頭般大小的孔，可以看到底下飛馳而過的路面。父親告訴我：「當你可以看著路面並掌握車速時，還需要時速表嗎？」

隔年我十六歲，我用在超市打工賺到的錢買了一輛車。它是車齡六年、一九八〇年分的喜美汽車。它的時速表會動，最棒的是，在我的腳下沒有小孔。由於這輛喜美是我們家裡最好的車，因此我覺得很拉風，而這個經驗帶給我一個致富心得：**感覺會支配消費習性**。

最確定的一點是：變成真正有錢人的起點是花得比賺得少。如果能夠調整感覺和認知，**滿足於所擁有的事物**，就不會失控的膨脹自己的消費。你可以把錢做長期投資，並且感謝股票市場的複利奇蹟，即便中等收入者也能夠累積可觀的財富。

感謝我父親那輛會漏水的破車，因為它使我擁有一輛下雨不會從車頂或車窗漏水的舊喜美，就感到滿足。我沒有拿舊喜美與那些更新、更快、更酷的車做比較，而是與父親的車做比較。

佛教徒認為「欲望」會帶來痛苦。就我在新加坡擔任家教所指導的那個美國男孩而言，他的家人**對於精緻的事物永不滿足，為他們帶來一定程度的痛苦**，特別是當一家之主失去工作或想要退休的時候。這讓我想到曾經看過一張貼在保險桿上的貼紙，上面寫著《白雪公主》故事中小矮人所說的一句話：「我缺這、我缺那，我得繼續工作啊！」

真正的有錢人，這樣花錢

如果想多給自己一點機會去變成有錢人，就開一輛爛車吧。你會想這有什麼樂趣？在美國，千萬富翁一般都開什麼車？

對於那些想變有錢的人而言，不砸個幾十萬美元買一輛ＢＭＷ、賓士或法拉利，聽起來似乎有違千萬富翁的身價。但令人驚訝的是，其實大部分千萬富翁的購車品味並不怎麼高貴。二〇〇九年的調查資料顯示，在美國，千萬富翁的平均購車價格為三萬一千三百六十七美元（不到新臺幣一百萬元）。不要以為ＢＭＷ、賓士、捷豹等歐洲高檔車，是千萬富翁的最愛。進行這項調查的作家史丹利指出，最受千萬富翁青睞的汽車品牌是平實無華的豐田。

許多想要變有錢的人在購買汽車時，往往會選擇比同儕更好的車，他們很容易就花四萬美元或更多的錢去買一輛豪華房車，這比起一般千萬富翁的平均購車費用還要高。當你必須負擔一輛比千萬富翁用車還貴的車時，你怎麼可能建立財富與降低財務壓力呢？這就像想要追上奧運短跑選手，卻在起跑點就先讓這些選手五十公尺。

當你失去工作、付不出車貸，或是高齡八十歲卻還不得不工作時，你就會發現「形象」根本就一文不值。

如果你想要追上千萬富翁的腳步，就得站在同一個起跑點，或是盡量讓自己有最大的領先距離。把錢花在四個輪子上，而且花得比千萬富翁還要多，是不合邏輯的。

二〇〇六年，全球三大富翁之一的巴菲特，買了他人生中最貴的一輛車：五萬五千美元的凱迪拉克。

史丹利在他的著作《別再裝有錢》中指出，身價超過千萬美元的富翁購買的車，平均是四萬一千九百九十七美元。當你到大型購物中心時，不妨看看停車場，肯定會發現許多超過這個價格的車，有些車甚至比巴菲特的車還要名貴。你認為有多少車主擁有千萬美元以上的身價？如果你的答案是「可能沒有吧」，這表示你反應夠快。**許多人想要追求財富與財務獨立，卻陷入「看起來有錢」的假象中，以至於無法真正變有錢。**

你省下來的購車經費（更別提，如果無法一次付清車款，你往後必須支付貸款利息），能夠讓你朝著建立財富之路邁進。

車子不是投資，它與不動產、股票及債券這類長期資產不同，它每年都會折舊。

「想要有錢」的時候，別做傻事

二十歲那年，我找到一份在公車站清洗巴士的暑期工作，賺錢付大學的學費。在那裡，我從一位技工身上學到了寶貴的東西，而這些比在大學裡學到的更有價值。這位深具智慧的技工名叫魯斯・培瑞（Russ Perry），是一位身價百萬美元的單親爸爸，獨力扶養兩個小孩。

其他的技工非常佩服培瑞的理財頭腦，他們告訴我：「如果培瑞和你聊到有關錢的話題，你一定要仔細聽。」

我們兩人都上夜班，而週末時工作並不太忙，因此我們有許多時間聊天。我的工作很簡單，清洗巴士、加油，然後在每天收班時記錄里程數。空閒時，聽培瑞聊起他對於金錢與人生的看法，常會讓我捧腹。當然，培瑞的談話並非全都是對的，然而他率直的言語中總是有點道理。

培瑞告訴我，**只要看對方開什麼車，就知道他夠不夠聰明**。他不理解為什麼有些人會花一大筆錢，去買一些會不斷貶值的東西，也搞不懂為什麼有些人要租車或是借錢買車。培瑞認為應該把錢投資在會隨時間增值的資產上，像是房屋或股票。任何最後只是

「純花錢」的東西，例如車子，他都視之為負債。

培瑞說：「如果你一輩子都不在車子上浪費錢，就能夠占盡優勢。」他指著一個正走過停車場的主管：「你看到那個坐進BMW的傢伙嗎？」

那天晚上，我去上班時注意到那輛車真是漂亮。培瑞說：「他兩年前買了那輛車，當時是全新的。但是，因為折舊和貸款利息，現在已經損失了一萬七千美元。而且大概三年後，他可能就要去買另一輛新車。」我心想如果兩年就折舊這麼多，那麼三年後那輛車還值多少錢。

培瑞嚴肅的說：「如果你真的有錢，花錢買一輛與眾不同的豪華房車當然不算什麼。但是，如果你**想要變成有錢人，卻又買這樣的東西，你永遠不會成為有錢人。**」

培瑞的話語充滿智慧。大多數的人都會把錢浪費在車上，而看出這一點則是一種先見之明。他以自己為例告訴我，如果多想一想，就不會把錢揮霍在車子上。我從一個懂車又懂理財的人身上，學到這個觀點。但是，當時最大的問題是，我對相關領域一無所知，根本像是一個原始人。

培瑞說：「當你要買車時，先想一想轉賣時這輛車還值多少錢。」新車一落地，第一年的折舊率很高。他建議我不要買新車，要買已經有人幫我付了折舊的中古車。他認為日系的中古車最有價值，建議我找里程數低的車子，而且車子要保養狀態良好、有原廠烤漆、好輪胎，以及不錯的內裝。

培瑞指點我，假如買對價錢，而且已經有人付了車子的折舊，那麼我可以在開過一、兩年後，用當初購買的價格賣掉。

中古車開一年，轉手還賺錢，你能嗎？

我決定試試培瑞的理論，開始尋找不會拖累財務的車子。

我閱讀一些具公信力的消費報告，並未花太多時間，便掌握了車價行情。其中，菲爾．艾德蒙斯頓（Phil Edmondston）每年更新的《中古車指南》（*Lemon-Aid Used Cars*）相當有價值。有些車款確實划算，有些車款則是很不錯的代步工具。我每天早上都會花幾分鐘翻閱報紙的分類廣告，當看到價格合理、感覺不錯的車時，就會過去瞧一瞧。

接下來的幾年裡，我買了幾輛低里程數、可靠的日本車，每輛價格都介於一千五百至五千美元之間，我至少都開十二個月，這段期間沒有付出多餘的錢。由於我買的車都很便宜，因此轉售的獲利並不高，但通常一輛車可賺八百到一千五百美元。

不幸的是，有太多人不善於處理他們的財富，因此我們很容易看到許多人因過度消費而欲求不滿或是走到絕境。一般來說，這些人都想快點拿到錢，以便換一輛更好的車，或是償還那些壓得他們喘不過氣的債務。我曾經向這兩種人買過車，開了兩、三年，大約六萬英里之後，再以當初買進的價格賣出。

有一次，我用三千美元買了一輛低里程數、車齡十二年的豐田小客車。我開著這輛車，跑遍了北從加拿大的英屬哥倫比亞（British Columbia，編按：當地華人習慣稱之為「卑詩省」）、南至墨西哥的下加利福尼亞區半島（Mexican Baja Peninsula）及瓜達拉哈拉（Guadalajara），總共開了四千英里才回到加拿大。後來，我又開著它，完成了一趟超過八千英里的旅程。最後，我以三千五百美元賣掉這輛車。精明的採購策略可以讓你將這些省下來的錢，累積成一筆用於投資的小財富。

有一種非常簡單的中古車購買策略，可以省下許多時間和金錢。

想像你信步走進一個汽車展示場，一般來說，不管你是獨自一人或和朋友同行，應該都無法自由自在的看車。其原因在於，銷售人員會立刻趨前，向你介紹各種廠牌和車款。他們或許用意良善，但如果你沒有經驗，脈搏會因為對方不斷尾隨而加快，那麼這個壓力可能會讓你屈服，畢竟你是在他們的地盤上。

面對這些龐大、飢餓、經驗十足的大鯨魚，我們這些小蝦米必須採取有效的策略：首先，充分釐清自己要尋找的目標。

舉例來說，二〇〇二年，我想找一輛手排、原廠烤漆的日系車。我之所以不想要重新烤漆過的車，是因為我無法判斷在新烤漆之下，隱藏著生鏽或是意外碰撞的痕跡。另外，我希望里程數低於八萬英里，價格不超過三千美元。只要保養良好，而且很少行駛於惡劣的路況，車齡多久並不重要。

我像是個充滿勇氣的祕密探員，從黃頁中鎖定目標，並打電話給方圓二十英里內每一家汽車賣場。我堅持所有的條件，告訴對方我要找什麼樣的車，並且請他們不要拿不符合條件的車子來唬弄我。

面對積極的銷售人員，我仍然堅持立場。不過，透過電話比面對面容易多了。大部分的車商告訴我，他們有一些我應該會感興趣的車子，可是價格不可能低到三千美元。有些車商則引誘我選擇其他方案，還有的業者認為我開的價格根本是異想天開，但是我不氣餒也不言退。我保持禮貌和風度，因為最後我可能還得再打電話給他們。

我第一回合打的電話並沒有得到我要的結果，於是接近月底時，我又打電話給那些車商，因為銷售人員此時可能比較急於達成當月業績目標。很幸運的，某家車商表示有一對夫婦要舊車換新車，因此要賣掉一輛只開過三萬英里的豐田Tercel。那輛車還沒做過清潔或檢查，但是車商願意以三千美元出售以求快速周轉。

這個策略不限於購買三千美元的車，任何廠牌和車款皆可適用，還可以節省時間。更重要的是，你可以用這些省下來的錢做有效的投資，以建立財富。

買房，關鍵不是頭款，而是利率

大多數的人都知道，購買昂貴的車不利於財富累積。但是，在二〇〇八年至二〇〇九年的金融風暴中，我們還學到購屋也很重要。

有錢人得到的教訓是：銀行不是真正的朋友。銀行存在的目的，是為它們自己的股東賺錢。因此，**銀行會聘用最和藹可親或最善於說服的業務人員，勸說你購買差勁的投資商品**（第三章將討論這點），或者天花亂墜的鼓勵你申辦得付好多年利息的房貸。

次級房貸引發的金融危機是怎麼造成的？其原因在於，貪婪的銀行業只想賺錢，完全沒有為客戶的最佳利益著想，而購屋者也忽略了自己的負擔能力。

在一片購屋熱潮中，消費者買下自己根本付不起的房子，低房貸利率雖然誘人、但也充滿危險。當利率提升，購屋者便無法償還房貸，因此許多人不得不賣掉房子，造成房市供給過剩。當供過於求時，人們便不願意付太高的價錢，於是價格自然滑落，而房屋也是如此。

銀行會將這些房貸當成金融商品，賣給世界上其他的金融機構。當貸款者（購屋者）無法償還房貸時，這些金融機構就取得房子的所有權，但是損失相當可觀，因為房價已經一瀉千里了。

此外，銀行也會將這些房貸包裝起來，賣給跨國性金融機構。當購屋者無力償還貸款時，許多聲譽良好的金融機構也被牽連其中，陷入險境，並導致這些銀行沒有足夠的資金放款給企業，於是企業無法支應日常運作。

這種如滾雪球般的惡性循環造成全球不景氣與大量裁員。不要相信那些美化房貸的人，這種情況所造成的效應是極具殺傷力的。

這讓我想起自己第一次辦理不動產貸款時，母親教我一件事。當時，我準備申請貸款去買一塊海邊的小土地，母親問我：「如果利率漲一倍，你還付得起嗎？」根據當時的房貸條件，年利率是七％。就她的記憶所及，七％的房貸利率是有史以來最低的，尤其是相較於一九七〇年代後期與一九八〇年代的情況。母親認為，如果我無力支付多一倍的利息，也就是一四％的利率，那麼當利率升高時，我便完蛋了。在浪潮退去之後，我將成為只能光著身體在海中裸泳的悲慘傢伙。

如果你不想被不動產拖垮，我母親的建議可說是金科玉律。你如果正在考慮買房子，請將利率再加上一倍，並且算一算你是否仍然有能力支付。

贏在起跑點，別靠富爸爸

中國有一句俗諺：「富不過三代。」第一代建立財富，第二代守成，第三代將所有財富揮霍殆盡。

美國也有研究調查指出，大部分千萬富翁的財富並非靠繼承而來。這個結果和我們的想像相反。在調查對象當中，超過八〇％都是第一代的有錢人。

我現在任教於新加坡的私立學校，大部分的學生都來自富裕家庭。我半開玩笑的告訴學生，他們名列身處財務危機的人物名單中，因為有錢的父母親自然想要幫助子女。但是，中國人早在幾千年前就知道，把錢交給從來不知道賺錢辛苦的年輕一代會發生什麼結果。答案就是揮霍。

作家史丹利在他的著作《下個富翁就是你》（*The Millionaire Next Door*）中提到，一般來說，接收父母「財務協助」（例如股票、現金及不動產）的成年人，其財富水準最後反而會不如從未獲得雙親協助的人。

就許多父母親而言，這是一個很重要的觀念。父母親往往認為，給予女一筆錢就能夠讓他們贏在財富的起跑點。但是，統計資料顯示，輕易得來的錢會被輕易浪費。

史丹利曾經針對四十到五十歲的專業人士進行調查，並根據職業別加以分類。然後，他將接受調查者分為兩組：曾接受雙親財務協助、不曾接受雙親財務協助。「財務協助」包括了給予現金、協助償還貸款、買車，或是付購屋頭期款。

史丹利發現，相較於不曾接收雙親財務協助的人，曾接受協助的人在人生賺錢高峰期所創造的財富比較少。接受雙親的財務協助，反而妨礙了一個人創造財富的能力。舉例來說，就會計師而言，曾接受雙親財務協助者的財富，比不曾接受雙親財務協助者少了四三％。

此外，根據史丹利的研究，只有學校教師和大學教授這兩種職業，在得到財務協助之後，仍然比較富有。

我怎樣成為千萬富翁（這一段別學我）

我父親是一位技工，要用一份薪水養育四個小孩，因此我在成長的過程中，沒有什麼多餘的錢可以花。我十五歲就必須自己攢錢買衣服，十六歲就用在超市打工賺到的錢買了第一輛車。我必須工作才有錢去買自己想要的東西，可是我和大部分的小孩一樣，不喜歡工作，寧可在沙灘上玩耍。

因此，我認為金錢等於工作。我看到想要的東西時，即使它只要十塊錢，也會捫心自問，為了擁有它，我是否願意擦拭超市的地板，以及堆疊一袋袋重達五十磅的馬鈴薯。若答案是否定的，我就不買。我從未不勞而獲，於是養成了負責任的消費習慣。

今天，我和妻子過著很不錯的生活。我們經常旅行，造訪過二十五個以上的國家，擁有一輛賓士和一輛馬自達汽車，住在一個豪華的大樓社區，裡面有游泳池、迴力球場、網球場和重量訓練室。我們每週都會享受一次按摩，一年共五十二次。如果健康狀況維持良好，**未來的四十年，我都可以繼續享受美好的生活**。

我之所以能夠擁有這一切，是因為厭惡負債。對我而言，欠錢就好像和魔鬼打交道一樣，不過大多數的人可能認為這種想法有點極端。我總會想到最壞的狀況，不斷擔心如果我失去工作或是無力償還負債時，會發生什麼狀況。

我並非鼓勵想要早點退休的年輕人，過著和我二十歲出頭時一樣的生活。但是，將負債視為一種危及生命的恐怖疾病，卻對我有相當大的幫助。你也許覺得深受啟發，也許覺得太過離譜，不過這就是我的經驗。

大學畢業後，我一開始是教十三歲的中學生。雖然「為了還清助學貸款，必須租便宜房子與降低飲食開銷」，是一個很合理的想法，但是我當時的極簡生活卻宛如住在大城市中的乞丐。

我能夠找到最便宜的食物是馬鈴薯、麵粉及蛤蠣。其中，蛤蠣是不用錢的蛋白質來源，我提著一個籃子到海邊，找一位已經退休的朋友奧斯卡，然後一起去撈蛤蠣。他會把撈到的蛤蠣料理成精美的食物，但是我的料理方式卻非常粗魯：先微波馬鈴薯或是煮義大利麵，然後丟進蛤蠣，拌入一點橄欖油。耶！不到一美元就能搞定一頓晚餐。

這無關你能否忍受淡而無味的飲食，日復一日吃著同樣的食物，就好像嚼狗食一樣。不過，一個月只花三〇%的薪水來維生，讓債務的重擔減輕了許多，因為七〇%的薪水可以用於還債。

和朋友合租房子也能降低開銷。然而，我更喜歡完全不付房租，因此會找找看有沒有人在冬天時會到其他地方避寒，而需要別人幫他們看管房子，如此一來，我就有免費的地方可住。

冬天時，不論免房租的房子有多麼冷，我都不開暖氣。當戶外的雪堆得很高時，為了省錢，我會在屋內穿著好幾層的襯衫和毛衣，並且來回走動以禦寒。如果屋內有壁爐，便生火取暖。到了晚上，我會生火，裹著毛毯睡在壁爐前。冬天的清晨，我通常會看見自己呼出的白煙。

某年十二月，我父親到鎮上洽公，於是我請他同住。父親一向多話，但是當我告訴他「爸，我不開暖氣」時，他卻異常安靜。我以為在冷颼颼的客廳裡，兩人緊緊靠著壁爐而眠，很有父子情深的感覺。但是，他顯然不這麼認為，因為他下次到鎮上時便是自己跑去住飯店。

後來，我很想要有一個屬於自己的自由空間，於是搬進一個地下室套房，房東每個月只收三百五十美元。之所以會這麼便宜，是因為交通不太方便，離我教課的學校足足有三十五英里。

如果我夠聰明選擇開車上班，就不會這麼麻煩。我有一輛車齡二十年的生鏽福斯汽車，是用一千兩百美元買來的（兩年後以一千八百美元賣掉，我還賺了六百美元）。但是，我不打算每天花費來回七十英里路的油錢，因此我選擇騎腳踏車。不論刮風還是下雨，我每天都騎著那輛上了年紀的登山腳踏車去學校，如果有人要頒發「笨蛋獎」，我肯定名列前茅。

那時候，如果我願意的話，手邊的投資組合足以讓我用現金買下一輛全新的跑車，還能租下一間海濱公寓。但當時，同事可能認為我其實破產了。有一天，學校裡的一位教師在加油站看到我。我們兩個都在補充燃料，她幫車子加油，而我則在找東西填肚子。當我踩著腳踏車準備離開時，她急忙跑向我，塞了一條巧克力棒到我嘴裡，說：「哈藍，我們應該在學校裡幫你募個款。」她不是開玩笑，而是真的認為我生活困頓。

這樣的日子持續一陣子之後，連我自己也覺得這有點極端。為了要讓生活輕鬆一點，我搬到一個離學校近一點的地方。我在當地報紙上刊登廣告：「我是個教師，要找月租不超過四百五十美元的住處。」這個租金比一般行情低很多，但我推銷自己是個有工作且負責任的人。這個廣告應該可以吸引一些想要找可靠房客的房東，我接到幾通電話，其中有個很棒的地方，於是我租下了它。

由於我十九歲就開始投資，因此當時已經有不錯的投資收益。但是，我不想賣掉任何投資來償還債務，於是盡可能將賺來的每一塊錢都用於償還助學貸款。我過著有如僧侶般清貧的生活，在全職工作一年後還清了學貸。然後，我開始將所有省下來的錢都用於投資。

付清助學貸款後的第六年，我買了一塊海邊的土地，並計算如何才能快點將貸款還完。為了增加還款的彈性，我甚至選擇比較高的利率。一還清貸款，我又開始將所有攢下來的錢用於投資。

我承認，很少人像我這麼討厭負債。但是，你一旦嘗過無債一身輕的滋味，就會發現這種感覺真是美妙。

請不要會錯意，我寫出這段省錢生活大作戰的歷史，並不是要年輕人照著做。對於當時的我而言，這是一種有趣的挑戰，但對於現今的我而言，卻不具任何吸引力。而且，我妻子坦白告訴我她不喜歡過那種生活。我只是想告訴你，如果想要變有錢，年輕時過著**節儉**的生活，將能大幅提升你成為有錢人的機會。

不必省得像貧民，但要花得像有錢人

想要變有錢的人，往往忽略了負責任的消費習慣是很重要的。許多**人之所以到了快**

退休的年齡卻還必須工作，無法享受他們嚮往的田野山林之樂，原因之一就是消費習慣不好。

當然，每個人對工作的想法不同。但是，很少人在病床上奄奄一息時，還會痛哭懊悔：「天啊，我真希望能多花一點時間在辦公室裡。」、「哦，我真希望能在二〇一五年時獲得升遷。」

大多數的人喜歡花時間在自己的嗜好而非工作上；比較想陪子女成長，而不是整天面對行動電話；比較希望有時間安靜度日，而不是困在辦公室裡開會。我當然也是這種人，因此我學習控制花費，並且用金錢做有效的投資。

如果你是一個正要起步的年輕人，看見其他人擁有最新的昂貴玩意，請想一想他們是怎麼取得這些東西。有太多人可能是用透支信用的方式去購買——這樣做會附贈許多無法成眠的夜晚。在這些人當中，很多人永遠不會成為真正的有錢人，取而代之的是承受龐大的財務壓力。

學習如何**像真正的有錢人一樣花錢**，就可以在不增加壓力的情況下，建立財富與擁有資產。你不需要活得像個貧民，只要運用我的投資法則，就能夠有效的投資。你的投資金額可以僅是鄰居的一半、投資風險也比較低，但最後卻能賺到他們兩倍的錢。

第二堂課

複利的挪亞定律

學校裡數學課堂中所教的東西，說坦白點，多半與我們的日常生活沒什麼關係。當然，學習二次方程式以及相關的理論，可以讓有理工天賦的學生有所收穫。但說實話，很少人會對二次方程式感到興趣。

也許，在全世界的數學教師眼中，這種說法是異端。但是，我的確認為，對於大部分人而言，二次方程式像是只會生長卻沒什麼用的腳指甲，甚至對某些人而言根本就是酷刑。不過，我不得不說，在數學課本沉悶的內容當中，確實潛藏著有用的東西，那就是**神奇的複利**。

巴菲特運用複利成為億萬富翁，更重要的是你也可以做得到。

多年以來，巴菲特和比爾．蓋茲相互競逐「全世界最有錢的人」頭銜。巴菲特的生活模式就像典型的千萬富翁，不會花太多錢在物質享受上，而且從很年輕時便掌握投資的祕訣。身價數百億美元的他，十一歲就買了人生中第一支股票，卻還開玩笑的說自己起步得太晚。

及早起步是你能給自己最好的禮物。如果能儘早開始並有效投資，一段時間之後，就能夠建立一筆財富，而且每年只需要花六十分鐘去掌控投資狀況。

巴菲特有一句名言：「準備是最重要的，挪亞並非等到大雨來的時候，才開始打造方舟。」

大部分的人都知道《聖經》中挪亞方舟的故事。上帝告訴挪亞要打造一座方舟，並且將各種動物都安頓好，最後，當大雨降臨時，他們便航行到安全之地，並且有個新的開始。對於所有的動物而言，幸運的是挪亞在聽到上帝的話語之後，立刻打造方舟，完全沒有拖延。

讓我們花點時間來思考挪亞的故事。挪亞或許和你我一樣，即使上帝告訴他要保守洪水將至的祕密，但他可能也做不到，畢竟他只是個凡人。因此，我可以想像挪亞走進當地的酒吧，在幾杯啤酒下肚之後，對一位友人低聲說：「上帝對我說將出現暴雨。因此，我必須打造方舟，當陸地被洪水淹沒時，可以駕著方舟逃離。」他的一些朋友（也許是所有的人）可能會認為，挪亞吃了迷幻藥，才說出如此瘋狂的故事。

不過，有人可能會相信挪亞的說法。雖然洪水的故事聽起來非常牽強，但或許會促使挪亞的一位朋友（或更多人）去打造自己的方舟，或至少是一艘小一號的船。

儘管這個人相信此事，但顯然他從未真正動手執行。他可能規畫等自己比較有錢購買材料時，再動手建造。或者，他可能想確認事情是否真會發生，看看天空是否會烏雲密布，並降下傾盆大雨。英國生物學家達爾文（Charles Darwin）可能會將這個人的拖延等待，稱為「物競天擇」。但不用說，他肯定不會是老天爺的選擇。

如果你想在股市與債市中提升致富機會，最好的策略就是及早開始。

值得感恩的是，你的朋友如果停滯不前，並不會面臨和挪亞的友人一樣的命運。如果用挪亞的故事來比喻理財，那麼當其他人在大雨中拼裝船隻時，你的方舟已經前進好一段距離了。

早一點開始不僅讓你贏在起跑點，還能夠產生神奇的力量。你的方舟航行速度也許不快，你的朋友可能駕著快艇企圖趕上你。但是，根據愛因斯坦的相對論，他們不太可能追得上。

在莎士比亞的巨作《哈姆雷特》中，主人翁對他的友人說：「朋友，天上地下有很多事，在你的哲學想像之外。」

哈姆雷特所指的是鬼，而愛因斯坦所指的則是複利的神奇力量。

很多人不懂複利的神奇力量

複利聽起來好像很複雜，但其實很簡單。如果年利率為一〇%，一百美元一年能收

表2-1：年複利10%時，100美元的逐年增值狀況

（單位：美元）

年度	價值
5年	$161.051
10年	$259.37
15年	$417.72
20年	$672.74
30年	$1,744.94
40年	$4,525.92
50年	$11,739.08
70年	$78,974.69
80年	$204,840.02
100年	$1,378,061.23

取十美元的利息。換句話說，原本的一百美元會變成一百一十美元。

第二年，你可以將一百一十美元全數作為本金，如果年利率一樣是一〇%，你可以得到十一美元的利息，而一百一十美元就會變成一百二十一美元。

到第三年，你可以將口袋中的一百二十一美元全部掏出來，如果年利率仍然是一〇%，你可以得到十二．一美元的利息，一百二十一美元就變成了一百三十三．一美元。

以年複利一〇%來計算，最初的一百美元會變成表2-1的情況。

在表2-1中，幾個期間比較長的數

字看起來很夢幻。其實，你不必像《暮光之城》（*Twilight*）的故事主角那樣長生不老，就可以享受複利帶來的好處。

對於和我一樣十九歲就開始投資的人而言，當活到九十歲時，他在市場上投入的資金足足享有七十一年的複利。在這個過程中，當然會花掉一些資產，但是一定會保留一部分的錢繼續孳息，以便活到百歲時生活所需。

越早起步，風險越低

不管是車貸或是卡債，你在付清高利率借款之後，就該開始準備打造巴菲特所說的方舟。越早開始越好，如果你只有十八歲，現在就開始。如果你已經五十歲，那麼**沒有什麼時刻比當下更好，因為你永遠不可能比現在更年輕**。

那些沒有浪費在名貴汽車、最新高科技產品以及卡債上的錢，可以在股市中創造出驚人的複利效果。而且，如果你待在股市中越久，風險就越低。

我們都知道，股市的波動很大，甚至可能經歷好幾年低潮。但是，根據過去九十年的資料，美國股市可以達到超過九％的年報酬率（這九十年來股市指數平均每年成長九％），這包括了一九二九年、一九七三年至一九七四年、一九八七年，以及二〇〇八年至二〇〇九年的幾次股市崩盤。

賓州大學華頓學院財務管理教授傑諾米・席格爾（Jeremy Siegel）在《散戶投資正典》（*Stocks for the Long Run*）一書中指出，從歷史來看，美國並非唯一創造出亮眼的長期投資報酬率的國家。雖然英國的全球地位滑落，但是觀察英國自一九二六年以來的數據，可以發現它的股市表現和美國非常接近。另外，即使經歷兩次世界大戰，德國股市的長期表現也不會比美國遜色。

我不是在挑選哪個國家的股市表現佳。有些國家的股市表現確實比較好，但是我們沒有水晶球可以預見未來。因此，確保成功的最好方式是在全球股市投資。同時，及早投資可以讓你獲得加乘效果的好處。

投資比人少，賺的比人多

以下的問題顯示出，**越早越好**的「挪亞定律」多麼具有威力。

A. 你比較希望投資三萬兩千四百美元，並讓它變成一百零五萬零一百八十美元？

B. 你比較希望投資二十四萬美元，並讓它變為八十一萬三千一百二十八美元？

沒錯，這是個愚蠢的問題，任何人都會選擇A。但是，大多數人沒有受過良好的理財教育，於是認為只要有B就很幸運，從未想過A會出現在自己身上。

如果你將自己從本書中得到的知識告訴一些年輕人，他們一定獲益匪淺，真的可以將三千美元變成百萬美元。但是，不要直接給年輕人錢，這會削弱他們的致富能力，必須讓他們學會自己賺錢。

小女孩，小錢變大錢的活見證

下面我要說個有所本的故事，不過人、事、時、地、物別跟我太計較。

星兒是個五歲的小女孩，由她母親深秋獨自扶養長大。她們住在波西米亞島，當地人都自己縫製衣裳，不管男女都不使用刮鬍刀來除毛，而且沒有人想過要噴香水來掩飾體味。

然而，無論這聽起來多麼有吸引力，但波西米亞島並非天堂。當地人經常會將空飲料罐丟入水溝裡。

深秋告訴星兒，蒐集鋁罐做資源回收，不僅可以保護環境，還可能變成千萬富翁。

深秋帶星兒到當地的資源回收場，星兒每天蒐集的瓶瓶罐罐平均可以換到一．四五美元。深秋雖然具有波西米亞人不羈的天性，但可不是鄉巴佬，她明白，如果星兒每天賺一．四五美元，她可以將這筆錢用於投資，讓星兒成為千萬富翁。

藉由把錢投入美國股市，星兒可以獲得九％的年報酬率（這個數字比美國股市過去九十年的平均值稍低）。深秋不同於一般的父母親，她明白若教導星兒養成節約的習慣，女兒將成為一個能累積並創造財富的人。但是，如果直接把錢給星兒，女兒將成為一個理財白痴。

時光飛逝，星兒已經二十五歲，不再撿拾瓶罐。但是，深秋仍然堅持星兒每個月要給她四十五美元（每天約一．四五美元）。星兒在當地的農產品市場上販賣手工製品，深秋持續將這筆錢用於投資。

星兒最好的朋友露西住在紐約，任職於一家投資銀行。她過著光鮮亮麗的日子，開BMW、上美食餐廳吃飯，並且將大部分的收入用於購買服飾、鞋子、珠寶，以及在戲院看表演。露西從四十歲那年開始，每個月存八百美元。她透過電子郵件告訴星兒，每個月只投資四十五美元，對於未來是不夠的。

星兒並不想吹噓，但是她對露西直話直說。她寫著：「露西，有財務問題的人是妳而不是我。妳每年投資的錢確實比我多，但是妳如果希望在退休時和我一樣有錢，那麼每個月的投資就必須多於八百美元。」

露西感到困惑，一個沒見過世面的土包子怎麼會寫出這種無厘頭的話？

二十五年之後，這兩位六十五歲的女士決定一起在墨西哥合租一間退休寓所，這能讓她們的錢花久一點。

星兒問：「妳有沒有照我的建議，每個月投資八百美元以上？」

露西相當驚訝：「這是個每個月只投資四十五美元的人該問的問題嗎？」

星兒說：「露西，妳忽略挪亞定律了，雖然妳投資的錢比我多，但最後賺的卻比我少，因為妳起步時間比我晚太多了。」

她們兩人在股市的投資報酬率相同，有幾年她們賺錢，也有幾年虧錢，不過整體來說，平均報酬率為九％。

從圖2-1可以看出，由於星兒很早就開始投資，因此雖然她的總投資金額只有三萬兩千四百美元，但最後卻變成超過一百萬美元。反觀露西起步比較晚，雖然她的總投資金額接近星兒的八倍，但是財富卻少了二十三萬多美元。

我直到十九歲才開始投資，星兒比我早跨出一大步。不過，相較於大多數的人，我

圖2-1：將小錢變大錢

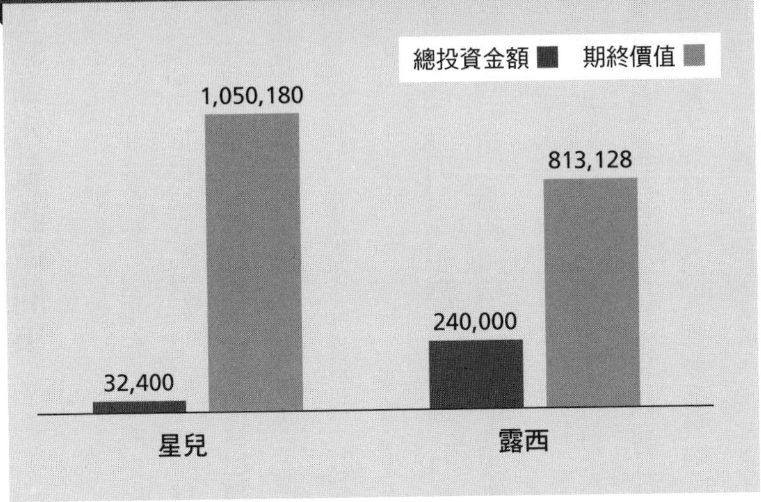

起步算是早，所以有更多的時間讓挪亞定律產生神奇的力量。從一九九〇年至二〇一一年，我投入美國股市與全球股市的錢的年平均報酬率超過一〇％。相較於一九九〇年時的原始價值，我投資在股市的錢已經成長了七倍。

當我告訴年輕父母親複利的威力有多大時，他們常會得到啟發，並想要為子女的將來固定撥出一筆錢。但是，「為子女撥出一筆錢」，與鼓勵子女學會賺錢、存錢及投資大不相同。

給子女錢會讓他們變得無能，而且更加依賴。教導他們如何使用金錢並樂觀面對困境，才能夠強化他們的能力、獨立性及自信。

一領到薪水就該做的事

二〇〇五年，我與一對擔任教職的夫婦湯姆和茱莉共進晚餐時，談到存錢的話題。他們希望知道自己應該為退休生活存多少錢。公立學校的教師可以靠退休金過活，但他們和我一樣是私立學校的教師，必須自己籌措退休生活費用。

我提出一個最低金額，這個數字是他們目前每個月存款的兩倍。茱莉認為可以達成，但是湯姆認為根本辦不到。於是，我請他們做以下兩件事：

①連續三個月寫下把錢花在哪裡，包括飲食、貸款、汽車油錢，以及健康保險等。

②三個月後，算出每個月的生活成本是多少。

後來，我們再次共進晚餐時，這對夫婦告訴我，過去三個月的紀錄讓他們大感震驚。茱莉很驚訝自己竟然花這麼多錢在外食、衣服及咖啡這些事物上。湯姆則訝異自己和朋友打高爾夫球時，竟然花那麼多錢喝啤酒。

在這三個月裡，他們每天晚上從皮夾中掏出各種收據，寫下每一筆花費，於是意識到自己是多麼浪費而為之驚醒。就如同湯姆所說：「我知道在每天結束時必須寫下買了什麼，這是一種負責任、衡量自己消費的方式，因此開銷開始減少。」

理財有效率的家庭知道他們每個月的生活成本，而記錄所有的花費，這通常會導致兩件事情。首先，了解每個月的開銷，便能夠掌握可用於投資的金額。另外，大多數的人會對自己的消費行為負責，於是減少浪費。

接下來，要確實掌握每個月的平均收入。將每個月收入扣除平均生活費之後，就能知道每個月可用於投資的金額。**不要到月底才將這筆錢用於投資，相反的，應該一領到錢就將資金自動轉帳到已選定的投資項目中。**如果不這樣做，月底便沒有錢去落實預定的理財計畫（只要晚上多吃外食就會超支）。

我妻子在結婚之前，總是到了月底或年底時，才將剩下來的錢拿去投資。在她改變做法，一領到薪水便將錢自動轉帳到投資帳戶之後，她發現投資金額是以前的兩倍。

我的朋友湯姆與茱莉也有同樣的體認。一年後，他們的投資金額成長一倍。兩年後，他們已經擁有原始投入金額的三倍。兩人的說法一模一樣：「以前不知道錢都跑到哪裡去了。現在，我們不覺得生活和三年前有什麼不同，但是投資帳戶裡的金額不會騙人，足足多了三倍。」

一陣子之後，你可能不需要記下每一筆花費，便自然養成健康的消費模式，於是自動轉到投資帳戶的錢將不斷增加。

另一個訣竅是，一般來說，薪水應該會隨著時間而有所增加。如果今年薪水增加一千美元，那麼至少要將一半放進你的投資帳戶，而剩下的錢則可以放入另一個獨立帳戶，以備不時之需。如此一來，你的加薪將具有雙倍效用。

背車貸卡債，精通投資也白搭

在決定存下多少錢做投資之前，必須釐清一件非常重要的事：你是否仍在付信用卡利息？

如果是的話，存錢投資就完全沒有意義。信用卡年利率多半高達一八%至二四%。無法在每個月的繳款日付清帳單，代表信用卡公司正在從你的財務大動脈中不斷吸血。你不必多聰明，也知道一邊付年利率一八%的信用卡利息，一邊進行報酬率一〇%的投資，是多麼不合邏輯，這好像穿著衣服泡在浴缸裡一樣。

要還清年利率高達一八%的信用卡債，等於必須進行稅後報酬率一八%的投資。而且，沒有一種方法可以保證你能夠獲得這麼高的報酬。如果有理財顧問、廣告或投資機構聲稱，保證可以達到一八%的年報酬率，那麼請想想巴尼．馬多夫（Bernie Madoff，譯注：股市自營商，以類似老鼠會的形式製造史上最大的騙局，數十年間詐騙金額高達六百五十億美元），快跑為妙。

除了信用卡公司之外，沒有人可以賺到這麼高的報酬率。但是，他們是從你那裡賺到一八%至二一%，而不是幫你賺錢。

股票雖有漲跌，但一定能創造財富

你也許會想知道，在這二十年間，我如何在股市賺到平均一〇%的報酬率。當然，有幾年我的錢縮水，但也有幾年報酬率超過一〇%。

這些錢是從哪裡來？是如何被創造的？

用羅德．達爾（Roald Dahl）的經典小說《巧克力冒險工廠》（*Charlie and the Chocolate Factory*）為例，來做說明。主角威利．旺卡（Willy Wonka）是從一家小巧克力店發跡，他有很大的夢想，想要做出永遠不會溶化的冰淇淋、味道不會變淡的口香糖，以及連魔鬼都願意以靈魂來交換的巧克力。

但是，旺卡沒有足夠資金，可以打造他夢想中的工廠。他需要更大的建築物、雇用更多工人，以及採購能以更快速度生產巧克力的設備。

因此，旺卡請人幫忙接觸紐約證券交易所。而且，有些人在旺卡還不知道的狀況下，便投資了他的事業。投資人買下旺卡部分的事業，也就是買下「股份」或「股票」。旺卡不再是公司唯一的所有人，但是部分的股份賣給新股東之後，他就能夠利用這筆資金來打造更大、更有效率的工廠，因此公司能以更快的速度生產更多產品，來增加獲利。

現在，旺卡的公司已經「公開發行」了，這意味著原本的股東可以將股份賣給其他想要購買股票的人。當一家公司的股票在股市中公開交易時，交易活動本身對營運的影響其實微乎其微。因此，旺卡能夠專注於他最擅長的事：製造巧克力。這些股東不會去煩他，因為一般來說，小股東對一家公司的日常營運沒有任何影響力。

旺卡的巧克力確實令人驚豔。讓股東大感興奮的是，巧克力越賣越多。不過，股東想要的，不只是紐約證券交易所或經紀商出示一張憑證，證明他們是巧克力工廠的所有者之一，他們還想要分享工廠的獲利。這是合理的，因為股東擁有公司。

由股東投票選出來的董事所組成的董事會，決定將每年的部分獲利派發給股東，這就是我們所熟知的股利，這個決定讓每個人感到開心。派發股利的運作模式是：旺卡的工廠每年大約賣出價值十萬美元的產品，扣除稅金、員工薪資及設備維修費用之後，獲利是一萬美元。於是，董事會決定將其中的五千美元分給所有的股東。

而剩下的五千美元則再投資到工廠上。因此，旺卡可以購買更大、更好的設備，以更快的速度來生產巧克力，並且擴大宣傳他的巧克力，進而創造出更高的獲利。

這些獲利使旺卡的事業越來越具有獲利能力，在接下來的一年裡，巧克力工廠的獲利成長一倍，達到兩萬美元，所以公司提高了派發給股東的股利。

這當然會引發其他投資人的垂涎，也想要買這家公司的股票。現在，想買這檔股票的人比想賣的人還要多。這創造了對該檔股票的需求，使得它在紐約股票交易所的價格攀升（假如買盤比賣盤多，股價會上升，相反的，假如賣盤比買盤多，股價會下跌）。

多年下來，旺卡巧克力事業的股價有起有落，其原因在於，基於投資人的想法，有時股價上揚，有時股價滑落。當新聞出現正面報導時，大眾對於該檔股票的需求就會提升，而推升股價。此外，有時候投資人會感到悲觀，導致股價下跌。

旺卡的股東可以透過兩種方式來獲利。他們可以收取股利（在美國，通常一年會派發四次現金股利），或是等到股價上漲時，選擇賣掉一部分或全部的股票。

從以下例子可以看出，投資人如何透過持有旺卡巧克力工廠的股票，一年賺取一〇％的獲利。

蒙哥馬利．伯恩斯（Montgomery Burns）一直很注意旺卡巧克力工廠的股票，而決定以每股十美元的價格買進總價一千美元的股票。一年後，如果每股漲到十．五美元，代表股價增值五％。

假設在這一年，伯恩斯領到五十美元的股利，表示他另外賺到五％的獲利，因為原本投入的成本是一千美元，五十美元剛好是五％。因此，如果伯恩斯持有的股票漲了五％，另外他又從股利中獲得五％的獲利，那麼一年之後，他便有機會賺取一〇％的利潤。前提是，伯恩斯真的得到五％的現金股利，而且漲了五％的股票也能順利賣出，實現獲利。

伯恩斯並沒有隨著股價起落買賣旺卡公司的股票，而變成當地最有錢的人。其實根據研究調查顯示，平均來看，從事短期買賣的投資人所賺得的獲利，往往不如長期持有者來得高。

多年來，伯恩斯持續持有這些股票，而股價時漲時跌。不過，由於公司獲利不斷增加，因此股價隨之提升。旺卡公司每年派發的股利讓他嘴角掛滿笑意，加上股價升值的獲利，讓伯恩斯賺進平均一〇%的報酬率。

不過，伯恩斯並未像你所想像的那樣，快樂得不得了。其原因在於，他也買進了愛家甜甜圈（Homer's Donut）和羅氏酒吧（Lou's Bar）的股票。但是，這兩家公司的經營都不成功，因此虧了錢。更讓伯恩斯抓狂的是，他錯失了整人玩具店巴氏搞鬼王（Bart's Barf Gags）的股票。如果當初買進了這檔股票，必定會開懷大笑，因為它在短短四年內就漲為四倍。

你猜不到哪檔股票會漲，所以……

下一章，我將說明最佳的股市投資策略之一，是持有股市中的每檔股票，而非採用伯恩斯的策略：企圖猜對哪檔股票會上漲。雖然買進股市中每檔股票聽起來似乎不可能，但是藉由買入組合成分中包含每檔股票的金融商品，就可能辦得到。

進入下一章之前，請記住：**只要投資一半的錢，終其一生能賺到比別人多一倍的獲利，其關鍵在於必須及早開始**。只要有耐心，股市的雙重報酬率可以為投資人帶來可觀

表2-2：年報酬率為9.96%時，1,000美元投資額的逐年增值狀況

（單位：美元）

年度	價值
0年	$1,000
10年	$2,584.32
20年	$6,678.74
30年	$17,260.04
40年	$44,605.58
50年	$115,275.37
60年	$297,909.16
70年	$769,894.43
80年	$1,989,658.28
90年	$5,141,925.80

資料來源：價值線投資調查（The Value Line Investment Survey）、晨星公司（Morningstar）。

的獲利。

例如，在一九二〇年至二〇一〇年之間，美國股市的年平均報酬率是九．九六%。在這段期間內，報酬率有時高於九．九六%，有時跌破這個數字。但是，如同表2-2所顯示，九．九六%的年平均報酬率已提供相當驚人的獲利。及早投資、持續投資，將有很大的機會變得越來越有錢，讓我告訴你該怎麼做。

第三堂課

認識理專之前，務必認識這兩種基金

一九七一年，穆罕默德．阿里（Muhammad Ali）仍是世界拳王，然而美國職業籃球明星威爾特．張伯倫（Wilt Chamberlain）卻公開表示，他有機會在拳擊場上擊敗阿里。

想促成這件事的人嚷著要安排一次對戰，但是阿里認為這根本是個笑話。每當信心滿滿的阿里遇到披著毛巾的張伯倫，便圈起雙掌放在嘴邊，揶揄說：「來啊！」

雖然張伯倫覺得只要有幸運的一拳，就能夠擊倒阿里，但是體育界的人都明白張伯倫的成功機率實在太低，而且他的勇氣只會為他卓越的籃球生涯帶來巨大的痛苦。

結果，阿里的揶揄讓張伯倫感到不安，於是後者無限期的延遲了這場對戰。

大部分的人都不喜歡輸的感覺，因此不會做出某些事情。如果我們夠聰明的話（抱歉了，張伯倫），就不會打賭自己可以在拳擊場上擊敗職業拳擊手，或是在法庭上勝過專業律師，成功為自己辯護，當然也不會賭自己可以下贏棋藝大師。

但是，我們能否挑戰專業理財顧問，看看誰能在長期獲利競賽中勝出？常識告訴我們不應該這樣做。然而，這也許是唯一的例外，我們不僅可以向這些專業人士挑戰，還能夠輕易打敗他們。

三種指數型基金，理財不敗

在這裡，你只要了解一件事即可：大多數專業理財顧問的建議，並不能為我們帶來最佳的投資結果。在這場理財競賽中，一般的投資人都被騙了，因為大部分的理財顧問是用客戶的錢來幫自己賺錢。

大多數的理財顧問其實是理財商品推銷員，總是將自己的利益放在客戶利益之前。理財顧問會向你推銷那些能讓他們（或是他們老闆）賺錢的商品，至於客戶能否賺錢，則落在很後面的順位。

有不少人都認識所謂的「理財規畫專員」，在宴會場或高爾夫球場上，和這些人聊天是一件很有趣的事。但是，如果他們幫客戶購買主動式管理共同基金（actively managed mutual fund，在本書中簡稱為「主動型基金」）反而會對客戶造成傷害。

（編按：基金依管理模式可以分成主動式和被動式。主動式管理基金又稱為「主動型基金」，基金經理人為了打敗大盤，買入的投資組合是他們認為可以勝過股市平均表現的股票。被動式管理基金即所謂「指數型基金」，其操作策略是複製特定股市指數的報酬率，買入的投資組合是指數成分股，也就是股市指數中所有或大部分的個股。兩者的差異，請參見第一〇五頁表3-1。）

一般非小說類的英文書籍在最後幾頁都有索引，讀者可以在索引裡看到整本書內容的所有重要字彙。換言之，索引足以代表書中所有內容。

現在，請將股市想像成一本書。當你翻到索引時，就能看到代表整本書的所有事物。舉例來說，如果你翻到美國股市這本書的最後幾頁，應該可以看到其中列出了美國股市中所有企業的名稱，例如沃爾瑪（Wal-Mart）、蓋璞服飾（The Gap）、埃克森美孚石油（Exxon Mobile）、寶鹼（Procter & Gamble）、高露潔棕櫚（Colgate-Palmolive）等公司，以及其他數以千計的公司。

在投資的世界裡，你如果買了一檔美國整體股市指數型基金，等於買了一個涵蓋美國股市幾千檔股票的產品。它代表了該國整個股票市場。所以，只要你購入三種指數型基金，你的錢幾乎等於投資在全球的金融市場。

一、**你國籍所在地的股市指數**（對於美國人而言，是美股指數；對於臺灣人而言，則是台股指數）。（編按：在臺灣，針對台灣股市的指數型基金，大致可分成兩類：一類是整體股市指數型基金，只有「元大台灣加權股價指數基金」。另一類是所謂的「ETF」（Exchange Traded Fund，指數股票型基金），包括了「元大台灣卓越五〇基金」、「元大台灣中型一〇〇基金」、「元大台灣高股息基金」、「富邦台灣摩根指數股票型基金」。）

二、國際股市指數（持有最多元的世界各國股票）。（編按：請見下一頁。）

三、公債市場指數（透過這些指數，你將錢借給政府，並保證獲得固定的利息）。

（編按：公債〔government bonds〕，亦稱為「政府公債」、「政府債券」。臺灣目前並沒有公債指數型基金。在臺灣，如果要購買國外的公債指數型基金，例如以美國公債市場指數為追蹤標的的「巴克萊公債指數基金」，依據公債到期年限分別有一至三年、三至七年、七至十年、十至二十年等系列產品，可以透過國內金融業者購買。）

我將在第五章中說明債券指數，並且在第六章裡介紹四位不同國家的真實人物，看看他們如何輕易建立指數化投資組合，這對你而言也同樣簡單。沒錯，只要擁有這三種指數型基金，就能夠打敗大部分的金融專業人士。

在臺灣如何買國際股市指數基金

在臺灣，可以透過國內的銀行（例如台新、玉山）、投信公司，購買其代銷的國外指數型基金（見表A）。另外，也可透過國外合法的金融業者（見表B），設立海外券商帳戶，投資當地的指數型基金。

表A：在臺灣可買到的美國ETF

ETF名稱	美股代號
那斯達克100指數基金	QQQ
史坦普500指數基金	SPY
道瓊工業指數基金	DIA
S&P金融產業指數基金	XLF
MSCI 歐澳遠東指數基金	EFA
MSCI 新興市場指數基金	EEM
道瓊歐盟50指數基金	FEZ
MSCI 那斯達克生技指數基金	IBB
MSCI 羅素2000指數基金	IWM
S&P能源指數基金	XLE

資料來源：台新銀行「ETF總覽」。

表B：五家美國證券經紀商

Firstrade（第一理財）
http://www.firstrde.com/public/zh_tw/welcome/

Charles Schwab（嘉信理財）
http://chinese.schwab.com/public/schwab-us-zh

Scottrade（史考特證券）
http://chinese.scottrade.com/

E* TRADE（億創理財）
http://www.etrade-asia.com/

Zecco
http://www.zecco.com/

巴菲特也建議你買指數型基金

其他領域的專業人士，例如牙醫，通常能為門外漢帶來許多幫助。但整體來說，人們從專業基金經理人那裡卻得不到什麼投資好處……持有股票的最好方法是投資指數型基金。

——華倫．巴菲特

如果你問巴菲特該投資些什麼，他應該會建議你買指數型基金。巴菲特是全世界最偉大的投資家，也是一位不斷將財富奉獻給慈善事業的人，他的見證就是回饋社會的一種方式。他將自己所學分享給大眾：**慎防金融服務業者，並且用指數型基金做投資**。

如果我在三十多歲時聽信理財顧問的建議，並且在不知不覺中付錢給他們，一定無法累積上百萬美元的財富。我並非不大方，只是不希望在投資生涯中，將幾十萬美元虛擲在銷售人員的舌粲蓮花上。我認為你也不應該這樣做。

分散股票投資組合最有效的方法，是投資低管理費的指數型基金。

——保羅・薩繆爾森（Paul Samuelson），一九七〇年諾貝爾經濟學獎得主

薩繆爾森堪稱美國當代最有名的經濟學家，是第一位贏得諾貝爾經濟學獎的美國人。相較於在美林（Merrill Lynch）、愛德華瓊斯（Edward Jones）、雷蒙詹姆斯（Raymond James）等金融投資公司工作，並身受利益衝突之苦的股票經紀人，薩繆爾森肯定比他們更懂錢。

通常理財規畫專員並不想要你知道以下這一點，但是這個由諾貝爾經濟學家所組成的夢幻團隊卻明確指出：理財顧問或是認為自己可以打敗股市指數的人，將會一再被證明是錯的。

他們就是做不到，這不會發生。

——大衛・卡尼曼（David Kahneman），二〇〇二年諾貝爾經濟學獎得主（當被問到長期來看，投資者打敗指數型基金的機率有多高時，他如此回答。）

卡尼曼研究人類的本能如何對投資決策造成負面影響，因而贏得二〇〇二年諾貝爾經濟學獎。他認為太多人自以為，可以找到能長期打敗股市指數的基金經理人。

任何沒有將大部分（七〇%或八〇%）資金，放在被動式投資（指數型基金）中的退休基金經理人，必須對自己的瀆職、失職或無能感到罪惡。大部分的退休基金經理人都應該採取被動式（指數型）的投資策略。

——默頓．米勒（Merton Miller），一九九〇年諾貝爾經濟學獎得主

退休基金經理人受託為政府和企業，操盤數十億美元資金。在美國，超過半數的退休基金經理人採用指數型投資法。根據默頓的見解，不這樣做的經理人等於採用一種不負責任的投資策略。

我有一檔全球指數型基金，所有費率總合只有八個基數。（譯注：一個基數相當於〇．〇一%。）

——羅伯特．默頓（Robert Merton），一九九七年諾貝爾經濟學獎得主

一九九四年，哈佛商學院榮譽教授默頓認為自己大概能夠打敗股市。他是長期資本管理公司（Long Term Capital Management）的總監，該公司的一檔美國「避險基金」（Hedge Fund，一種主動型基金，將於第八章中說明）在一九九四到一九九八年間，曾經創下高達四〇%的年報酬率。不過，這只不過是該基金倒閉前的輝煌歷史。二〇〇〇年，該基金幾乎賠光了所有的錢，只能收掉。

當然，像默頓這樣的諾貝爾獎得主一定是聰明人，而且足以讓他從錯誤中學習。二〇〇九年，默頓在美國公共廣播網（PBS）接受訪問時，口中說出來的第一件事，就是他持有的全球指數型基金每年只收取〇．〇八%的費用。一般來說，利用理財顧問服務的個人投資者，每年支付的費用是〇．〇八%的十二倍至三十倍不等。在你的投資生涯中，這些費用加起來可能花掉你幾十萬美元。我將會教你如何降低你的投資費用，降到非常接近默頓的水準，讓我們一起從默頓的錯誤中汲取經驗。

> 只有想成為主動型基金經理人的人，才會草率認為那些計算公式和支持主動式管理的結論是對的。
>
> ——威廉．夏普（William F. Sharpe），一九九〇年諾貝爾經濟學獎得主

如果夏普就住在你家附近，他應該會告訴你他也是指數型基金的擁護者，並認為那些支持其他股票投資手法的理財顧問和主動型基金經理人，其實是在自欺欺人。**如果有理財顧問試圖告訴你不要投資指數型基金，基本上就是意指自己比巴菲特更聰明**，也比前述的諾貝爾經濟學獎得主更懂理財。你認為這有可能嗎？

九六%的主動型基金表現不佳

如果你購買主動型基金，理財顧問可以獲得很好的報酬，因此他們喜歡顧客買這類商品。但是，如果你購買指數型基金，理財顧問幾乎得不到任何好處，因此他們會拚命慫恿你改變主意。

主動型基金的運作模式如下：

① 理財顧問會將你的錢拿給基金公司。

② 基金公司會將你的錢和其他投資人的錢結合在一起，把這些錢投入一個主動型基金中。

③基金公司會請一位經理人操作基金中的資金，希望透過股票的買賣為投資人創造獲利。

股市指數型基金幾乎由證券市場中所有上市公司股票所組成，但是主動型基金經理人卻持續買進、賣出特定股票。舉例來說，基金經理人今天可能買進可口可樂的股票，明天賣出微軟的股票，下週又把微軟的股票買回來，並在一年內買賣奇異電氣（GE）的股票兩、三次。

這聽起來似乎策略上頗具獲利性，但根據學術統計，相較於購買指數型基金，主動型基金其實是一場輸家的遊戲。雖然經理人會策略性的買賣股票，但是拉長時間來看，主動型基金無法勝過指數型基金。讓我們看一下個中原因。

如果某年的股市漲了八％，意味著投資在股市中的每一塊錢平均賺了八％。如果某年股市跌了八％，這代表投資的錢縮水了八％。

但是，這是否意味著如果去年的股市漲了八％，那麼每位投資人都可以賺到八％？當然不是。有的人賺多一點，有的人賺少一點。假如某年股市漲了八％，應該有半數投入市場的資金獲利超過八％，另外一半則否。當我們把贏大盤和輸大盤的數字加以平均之後，便得到八%的年報酬率。

股市中大部分的錢是來自於主動型基金、指數型基金、退休基金（pension funds），以及捐贈基金（endowment money）。因此，當股市的年度漲幅為八%時，一般的基金在這一年裡的股市資產能夠增加多少價值？

當然，答案是非常接近八%，不過這是扣除所有費用之前的數字。這一年指數型基金大約會有八%的獲利，是因為它等於持有市場中的每檔股票，所以能夠獲得市場報酬的平均值。從數學上來看，整體股市指數型基金不可能打敗市場的平均報酬率。假如股市的年度漲幅是二五%，則整體股市指數型基金的報酬率大約是二四．八%（因為必須扣除約〇．二%的管理費）。如果下一年股市的漲幅是一三%，整體股市指數型基金的獲利則約是一二．八%。

乍看之下，向客戶推銷主動型基金的理財顧問，似乎很想立刻將手伸進你的口袋。他們可能會告訴你，賺到和股市一樣的報酬率只是「平均」水準而已，但購買績效良好的主動型基金，可以打敗平均報酬率。

如果主動型基金不需要管理成本，而且理財顧問願意為你免費工作，那麼投資人找到能打敗指數的主動型基金的機率，便接近五〇%。

《投資組合管理期刊》（*Journal of Portfolio Management*）有一篇長達十五年的研究，比較美國主動式管理股票型基金（只投資股票，沒投資債券，又稱為「股票型基金」）與標準普爾五百指數的表現。結果顯示，在計算管理費、稅金以及「存活偏差」（Survivorship Bias）之後，**九六%的主動型基金的表現都不如股市大盤指數**。

「存活偏差」是什麼？

一檔主動型基金的績效表現不盡理想時，通常無法吸引新的投資人，許多原本的客戶也會退出，並尋找其他更好的標的。因此，績效不佳的基金往往只能和其他基金合併，或是黯淡收場。

二〇〇九年十一月，我動了骨癌手術。切除了三大塊肋骨和脊突。但是，我的五年存活率可能比主動型基金的平均存活率還高。

投資專家羅伯特．亞諾特（Robert Arnott）、安德魯．伯金（Andrew Berkin）與吉亞．葉（Jia Ye）檢視二十年的主動型基金資料，追蹤一百九十五檔基金，得出基金的「陣亡率」是一七%。二〇〇〇年，他們在發表於《投資組合管理期刊》的〈在一九八〇至一九九〇年代期間，投資人是否得到好服務？〉一文中指出，在一九七九年至一九九九年間，他們所追蹤的一百九十五檔基金中，有三十三檔消失。沒有人能夠精準預測哪一檔基金能存活、哪一檔會陣亡。

主動型基金，總是好花不常開

你也許認為，績效最佳的基金（從紀錄上來看長期績效表現良好）應該夠大、體質夠強，應該可以長期存續，不可能突然變壞或消失。

「四四華爾街基金」（44 Wall Street Fund）的投資人就是這麼想，一九七〇年代，名列前茅的績效優於同業每一檔分散式基金（diversed fund），更連續十一年打敗標準普爾五百指數。不過，這個成功卻是暫時的，在前十年是績效最好的基金，在下個十年卻成為表現最差的基金。一九八〇年代，該基金價值慘跌七三％，一九九三年時被併入「坎伯蘭成長基金」（Cumberland Growth Fund）。一九九六年，坎伯蘭成長基金又被併入「麥特宏成長基金」（Matterhone Growth Fund）。今天，根本就沒人知道四四華爾街基金曾經存在過。

後來，又出現一檔明星基金。一九七四年至一九八四年間，「連諾大勝基金」（Lindner Large-Gap Fund）連續十一年打敗標準普爾五百指數，吸引許多投資人跟隨，但今天你完全找不到這檔基金。其原因在於，在接下來的十八年間（一九八四年至二〇〇二年），連諾大勝基金只為投資人創造四．一%的年獲利率，遠低於標準普爾五百指數的一二．六%年報酬率。最後，這檔基金被併入「軒尼斯總報酬基金」（Hennessy Total Return Fund），那些表現不佳的操作績效也被一筆勾銷。

有許多書籍探討指數型基金與主動型基金的績效差異，多半都指出，若將時間拉長到十年或十年以上，指數型基金比八〇%的主動型基金更具優勢。而這還沒有考量到「存活偏差」（還有稅金，稍後將加以討論）等問題。如果將這些問題列入考量，指數型基金將有更大的優勢。

當考慮了管理費用、存活偏差及稅金時，主動型基金的績效一定會比指數型基金遜色很多。平均來說，須課稅的美國主動型基金的表現，並不如「標準普爾五百指數基金」，**若以一九八四年至一九九九年來看，指數型基金的年報酬率，比主動型基金高出**

四．八％。

主動式管理基金，主動吃掉你的錢

以美國的主動型基金為例，共有五個拖累報酬率的因素，分別是管理費、12B1費、交易成本、銷售佣金、賦稅。許多人問我，為何在主動型基金的報表上看不到這些費用。其實，除了有機會看到管理費率和銷售佣金之外（用很小的字體印刷），其他幾項都被隱藏起來。在投資生涯中，如果購買這些商品，就像披著一條毛毯下水去參加游泳比賽。

一、管理費：

管理費和主動型基金的操作成本有關。當你買進一檔主動型基金時，就得付錢給分析師和交易員，讓他們幫你選擇要買賣哪些股票。這些人是地球上薪水最高的專業人士之一，要花很多錢才請得起。另外，還有諸多的其他成本，包括電腦維護、辦公室租賃、用紙、用電，以及推銷基金的理財顧問和銷售人員的薪水等等。

接下來，不要忘記基金公司是有老闆的，這些人的獲利是從主動型基金的管理費用中「刮取」下來。一檔規模三百億美元的基金，每年大約會吃掉投資人四億五千萬美元的管理費（一．五％）。這筆錢減低了主動型基金的價值，卻沒有列出來給投資人看。而且，不管主動型基金賺不賺錢，這筆錢都會花掉。（編按：在臺灣，國內股票型基金的經理費約為一．二％至二％；境外基金的經理費約為〇．六％至二％。臺灣本地基金的相關資訊，可至「投信投顧公會」網站〔www.sitca.org.tw〕，查詢「產業現狀分析」之內的「境內基金」下的「各項費用比率」。另外，境外基金的費用則可以至「台灣晨星」網站〔www.tw.morningstar.com〕查詢。）

二、12B1費：

並非所有的主動型基金都會收取１２Ｂ１費，但是美國大約有六〇％的主動型基金收取這筆費用（譯注：１２Ｂ１費是以美國證期會的法條號碼命名。這項條款允許基金的行銷費用可以由基金本身來支付，**並以年費的方式平均分攤於基金的交易日，再反映到基金淨值的報價上，屬於隱含成本**，因此會削弱基金淨值的成長）。

１２Ｂ１費率可以高達〇．二五％，如果以規模三百億美元的基金為例，每年收取的12B1費便有七千五百萬美元。這些錢被用來支付行銷相關費用，包括雜誌、報紙、電視及網路廣告，因為這些費用當然得有人來付帳。因此，基金現有的投資人必須付錢吸引新投資人購買基金。這就像每天晚上都有一個戴著面具的幽靈，把手伸到投資人的口袋中掏錢一樣。當然，理財顧問報表上也不會列出這些項目。（編按：基本上，臺灣的主動型基金並無收取相關費用。）

三、交易成本：

第三筆費用是基金的交易成本，每年都不一樣，必須視基金經理人買賣多少股票而定。記住，主動型基金是由交易員決定要買賣哪些股票，並試圖透過交易賺取獲利。但是，以平均值來看，根據國際研究機構理柏（Lipper）的資料顯示，主動型基金每年的交易成本約〇．二％，換句話說，若基金規模為三百億美元，那麼一年的交易成本為六千萬美元。掐住投資人脖子、卻又隱形的費用，當然不只是交易成本、12B1費及管理費這三項而已。（編按：在臺灣，每檔基金的交易成本都不盡相同，請參考「投信投顧公會」網站中「產業現狀分析」之內的「境內基金」下的「各項費用比率」。）

四、銷售佣金：

如果這三項隱藏成本，讓你想起小學時某個討厭鬼的樣子，我還有更糟的消息。許多基金公司都會收取銷售佣金（load fee）：從客戶購買基金的金額中撥出一定比例給銷售人員，或是付錢請銷售人員推銷基金，費用可能高達六％。許多理財顧問熱衷銷售加佣基金（loaded fund），這些基金能為理財顧問的銀行帳戶帶來相當多的收入，但對於投資人而言就很糟。

舉例來說，一個收取五．七五％佣金的基金，一年必須賺六．一％才能打平這筆費用。乍聽之下，這似乎是一種奇怪的算術。但事實上，你損失一定比例的費用，就必須賺取更高的報酬才能獲利（你付出一百元買基金，扣了佣金之後你實際投資了九十四．二五元，因此你的投資報酬率得達到六．一％，你才會收回一百元）。那些為客戶選擇「加佣基金」的理財顧問，等於是為「小豬撲滿」下了個全新的定義，他們並非幫客戶把錢存到撲滿裡，而是要客戶做出如同笨豬一般的投資決定。

（編按：在臺灣，基金的佣金以往是包含在手續費裡。自二〇一一年三月起，依據金融監督管理委員會的規定，基金銷售機構必須揭露「通路服務費」，也就是銀行、證券業賣基金時，從投信公司及境外基金總代理公司拿到的佣金。一般情況下，投資基金手續費是三％，其中基金公司收取○．七％至○．八％，代售的銀行佣金約二．二％至二．三％。）

五、賦稅：

美國的主動型基金有超過六○％的錢是放在課稅帳戶裡。這意味著當一檔主動型基金把所賺的錢放在課稅帳戶裡，投資人的獲利就必須繳稅。其原因在於，主動型基金是由基金經理人買賣股票，如果賣掉的股票為整體基金帶來獲利，那麼透過課稅帳戶持有這類基金的投資人，在年底就會收到稅單，要為已實現的資本利得繳稅。所以，基金經理人所做的交易越多，賦稅效率就越低。

但是，就股市指數型基金而言，基本上沒有進行交易。因此，基金獲利並不會造成投資人的賦稅負擔，除非投資人賣出基金獲利，才必須繳納資本利得稅。這類基金的投資人不需要每年支付高額稅金，而是賣出基金獲利時才要繳稅。如此一來，投資人就可以得到更高的雙重獲利。（編按：在臺灣，買賣台股基金、註冊地為臺灣的海外基金的所得，還不用課稅，而買賣註冊地在境外的境外基金的所得，超過一百萬元就會列入起徵門檻，原則上便是要課稅。）

主動型基金經理人知道，只有極少數的投資人會比較各基金的「稅後」績效。舉例來說，某檔一年獲利一一%的基金在計算稅金之後，可能打敗獲利一二%的基金。是什麼使基金的賦稅效率變差？答案是買賣股票的頻率。平均來說，主動型基金經理人每年會將每檔持股都交易一次，即所謂「百分之百周轉率」（100 percent turnover）。大部分基金經理人的操盤模式，是為投資人爭取短期獲利。美國的短期資本利得稅很重，但似乎只有極少數的主動型基金經理人在意這一點。

相較之下，指數型基金投資人所付的稅金便少得多，因為指數型基金採用「買入並持有」的策略。當一檔主動型基金的交易越頻繁，該基金的投資人就得繳交越多的稅。

伯格金融市場研究中心（Bogle Financial Markets Research Center）針對主動型基金的稅後績效，做過一項長達十五年的研究，發現相較於股市指數，主動型基金的賦稅效率表現不佳。

例如，在一九九四年至二〇〇九年間，投資一檔績效表現和股市指數相當的主動型基金，最後得到的報酬會比投資指數型基金來得少。為何會如此呢？

雖然在稅前，你的基金績效表現和股市指數不相上下，年平均獲利率為六．七%。但是，在加計稅金之後，若是一檔主動型基金要賺到和股市指數型基金一樣多的錢，那

圖3-1：呆伯特對主動型基金的認識

資料來源：呆伯特漫畫（Dilbert Comics）。

麼在這十五年中，報酬率必須高達一六・二%才行。而且，這還得假設基金經理人的周轉率維持在一般水準。

將主動型基金的稅後績效與股市指數的表現做比較，結果應該是投資人不希望在主動型基金績效報表上看到的資訊。但是，對於投資人而言，唯一需要重視的數字應該是稅後獲利。

將高額的管理費、12B1費、交易成本、銷售佣金及賦稅，加總到你的投資中，有點像一個拳擊手站在場上、蒙著雙眼，並要求對手在比賽前先朝著他的下巴打五拳。當你已經滿臉鮮血時，很難展開一場公平的對戰。

在圖3-1中可以看到，如果你在學校裡曾經學過這些，就應該不會像一般人一樣考慮投資主動型基金。

實證：按照績效排名買基金，必敗

當你告訴理財顧問你想要投資指數型基金時，他會很沮喪，因為客戶若是投資指數型基金，理財顧問是賺不到錢的（或只能賺一點點）。對他而言，銷售主動型基金才有利可圖，因此他會希望你購買主動型基金。於是，他會使出以下招數：

我是理財專業人士。我會挑選績效能打敗股市指數的主動型基金。看看這些績效名列前茅的基金，過去十年間，有好幾十檔都勝過指數。我會幫你買績效最棒的那幾檔。

在過去的五年、十年或十五年間，是否真的有幾十檔基金的績效勝過股市指數？當然有。但是，過去擁有很好的紀錄，並不代表未來能持續有好表現。投資主動型基金是個少見的例外：過去的成功不代表未來的績效。

晨星（Morningstar）是家美國的投資研究公司，該公司會根據一套評選系統選出五星級的基金。五星級的基金擁有最出色的績效紀錄，績效越差，星級越少。一般來說，五星級基金在過去的五年或十年裡，通常能打敗股市指數。

但問題是，基金排名隨時都在變動，基金的操作績效也是如此。在今天為五星級的基金，並不代表在未來的五年或十年內都能打敗指數。回頭檢視過去的基金績效並不難，但根據過去的績效挑選基金，卻是一場必須付出高昂代價的遊戲。

在金融理論中，有一個稱為「**回歸均值**」的概念（譯注：回歸均值〔Reversion to the mean〕是指股價不會持續超常表現，當股價達到某個高點或低點時，又會開始向平均數靠近）。如果從實務的觀點來看，**主動型基金在經歷一段時間的優異表現之後，通常操作績效會回歸到平均值或平均值以下**。換句話說，購買那些過去績效表現出色的基金，最後可能為你帶來損失。

如果理財專員在一九九四年，決定幫你買進幾檔在晨星名列前茅的基金，然後在這幾檔基金排名下滑時賣掉（因為有新的五星級基金取而代之），你認為相較於同期的指數型基金，在一九九四年至二〇〇四年間的投資績效為何？

感謝《赫伯特金融文摘》（*Hulbert Financial Digest*），我們的問題有了答案，如圖3-2所示（請見第九十七頁）。

若從一九九四年至二〇〇四年間，投資一百美元在五星級基金上，並且在這個過程中，不斷調整並持有晨星五星級基金，那麼最後將增值約為一百九十四美元，平均年報酬率為六．九％。

但是，若你另外拿出一百美元投資美國股市指數，那麼自一九九四年至二〇〇四年止，投資價值約為兩百八十三美元，年報酬率為一一％。

如果將稅金也考慮進來，則晨星五星級基金的表現會變得更差。你可能會發現自己白忙一場。

投資一百美元，還得不斷做調整，而且只能持有績效最好的基金，這樣忙了十年，稅後的價值卻只有一百六十五美元，年報酬率為五．一五％。而投資在股市指數的另外一百美元，稅後的價值則有兩百七十一美元，報酬率為一〇．五％。

有趣的是，超過九八％投資在主動型基金的錢，都湧向晨星的五星級基金。

但是，如同《漫步華爾街》（*A Random Walk Down Wall Street*）的作者波頓．墨基爾（Burton G. Malkiel）所說，要選出哪一檔主動型基金在未來可以有好表現，就像是「闖鬼門關」。墨基爾不但是普林斯頓大學經濟學教授，還是暢銷書作家，他做了以下的補充：

圖3-2：五星級基金與美國股市指數績效比較（1994年–2004年）

（單位：美元）

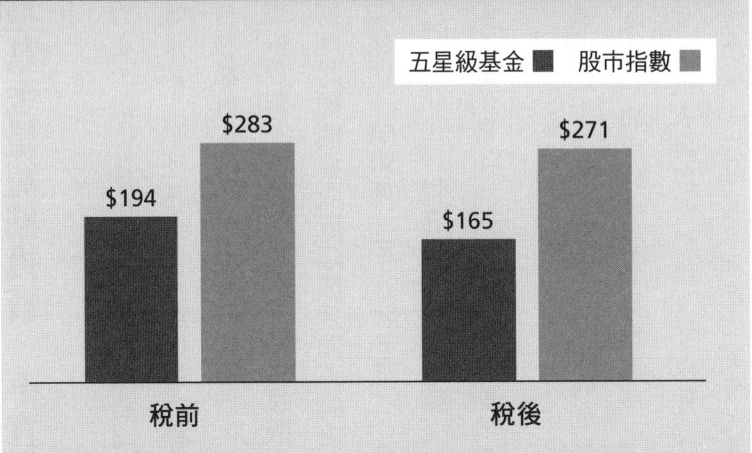

資料來源：約翰・伯格（John C. Bogle），《買對基金賺大錢》（*The Little Book of Common Sense Investing*）。

我們完全無法事先選出最佳的主動型基金。我計算了採用購買最佳基金的投資策略的結果，包括購買最近一年、最近兩年、五年及十年績效最佳的基金，發現不管採用何種策略，報酬率都無法超過平均值。另外，《富比士》（*Forbes*）雜誌評選最佳基金的報酬率也都低於平均值。

不過，大多數的理財顧問並不會放棄，因為他們的生計全仰賴你是否相信，他們有能力找到可以打敗股市指數的基金。

主動型基金是短期投資，不宜長期持有

我的妻子裴拉在結婚之前，是由美國金融服務公司雷蒙詹姆斯「協助」她理財。該公司向她推銷主動型基金，且收取最高標準、隱藏性的管理費。她理財帳戶內的資金，每年都會被額外收取一．七五％的費用。像這些每年都會收取的包管費（Wrap Fee）、顧問費或帳戶費，就像在健康食品店裡販賣摻有砒霜的餅乾。

為何理財顧問會收取這麼多額外的費用？其實，他們就像美國西部拓荒時代惡名昭彰的強盜傑西．詹姆斯（Jesse James）一樣，拿走火車上乘客的錢就跑。

二〇〇七年，一篇在美國產業週報《投資新聞》（*Investment News*）的文章指出，由於收取更高的費用，因此雷蒙詹姆斯的業務代表得到更多的報酬：

因為四〇一（K）計畫，今年新的延遲薪酬方案將提供更好的分紅。創造四十五萬美元收費和佣金的雷蒙詹姆斯業務代表，將可以獲得一％的分紅；創造七十五萬美元的業務代表與理財顧問，可以獲得二％的分紅；達到一百萬美元以上者可以得到三％的分紅。公司三千六百位業務代表當中，將有約五百位因此受惠。

此外，每多創造五十萬美元的收入，就可以多一%的分紅。因此，創造三百五十萬美元收費和佣金的業務代表，最高可以得到一〇%的分紅。該公司表示，這推高了公司對頂尖業務代表的支出，達到其創造金額的一〇〇%，或甚至更多。

（編按：美國在一九七四年制定《受雇人員退休收入保障法》，其中的四〇一（K）條款即是四〇一（K）計畫的由來。現今，四〇一（K）已經成為退休金計畫的代名詞。而臺灣勞工退休新制的根本精神，與美國四〇一（K）制度相似，屬於可攜式的個人帳戶退休金制度。）

這些業務代表與理財顧問獲得如此高額的獎金，可以過著像蘇丹王儲般的生活。

我檢視妻子在二〇〇四年的投資組合，計算出如果她在之前的五年持有的是指數型基金，而非理財顧問建議的主動型基金，那麼帳戶裡的二十萬美元應該可以多賺兩萬美元。而且，我還加進了理財顧問每年收取的一．七五%、堪稱業界最高的「羊毛出在羊身上費」。

當裴拉問理財顧問為何績效表現不佳時，他推薦了幾檔新的主動型基金。可是當問到指數型基金時，他駁回了她的想法。或許這位顧問眼中只有保時捷或是奧迪敞篷車。

如果客戶購買指數型基金，他就買不起車了。所以，顧問將裴拉的投資轉到一些主動型基金上，這些晨星五星級的基金在它們的前五年都打敗了指數。

在二〇〇四年至二〇〇七年，這些基金表現不佳。雖然過去它們都有優異的績效，但是在顧問幫裴拉選擇這些基金之後，它們的表現都比股市指數差。因此，裴拉炒了他魷魚，而我娶了裴拉。

如果從整個投資過程來看，在扣除所有的費用之後，指數型基金投資組合的報酬絕對勝過主動型基金投資組合。但是，如果單就一年、三年或甚至五年的期間來看，那麼主動型基金投資組合當然有機會贏過指數型基金投資組合。

二〇一〇年，在我主講的一場研討會裡，有位查理先生看到以指數型產品為主的投資組合報酬率時，說：「在過去五年裡，我投資顧問的績效表現比這個好。」

這是可能的，但統計數據很清楚，當時間拉長到整個投資生涯時，查理的投資績效將大幅落後指數型投資組合。

一九九三年七月，《紐約時報》舉辦一個為期二十年的投資競賽，邀請高知名度的理財顧問，讓他們自行挑選主動型基金，然後將他們的投資報酬率與標準普爾五百指數做比較。

每隔三個月，報紙會報告這幾位顧問的投資表現，並假設他們的錢是在免課稅的帳戶內。換句話說，這些理財顧問轉換基金時不需要成本。

對於這些高知名度的理財顧問而言，剛開始的時候，這個競賽可說是絕佳的曝光機會，但是很快的就變成像是每季都來一次的折磨。僅僅過了七年，標準普爾五百指數好像是高速奔馳的法拉利，而這些理財顧問卻成為龜速的柴油房車，他們的績效表現如下頁圖3-3所示。

一九九三年比賽開始時，期初投資五萬美元的指數型基金，相較於其他幾位自選主動型基金的知名投資顧問，其二〇〇〇年時的投資表現極為優異，不斷累積獲利。

神奇的是，在七年後，《紐約時報》中止了這場競賽。也許是因為那些有名的理財顧問厭倦了不斷被羞辱的感覺。

主動型基金與指數型基金超級比一比

我將一般的理財顧問比喻為巧克力蛋糕。採行對高糖烘焙產品毫不抗拒的飲食計畫，是否讓你感覺良好？當然，當甜蜜的滋味在你的味蕾綻放時，大約有三十秒美妙的

圖3-3：《紐約時報》的投資競賽

（單位：美元）

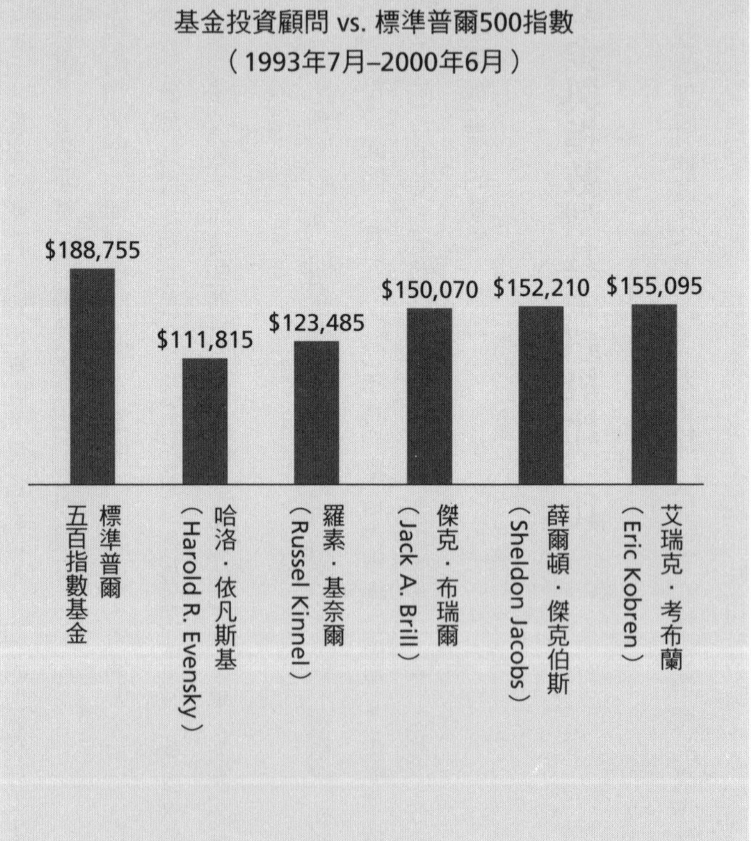
基金投資顧問 vs. 標準普爾500指數
（1993年7月–2000年6月）
$188,755
$111,815
$123,485
$150,070
$152,210
$155,095
標準普爾五百指數基金
哈洛・依凡斯基（Harold R. Evensky）
羅素・基奈爾（Russel Kinnel）
傑克・布瑞爾（Jack A. Brill）
薛爾頓・傑克伯斯（Sheldon Jacobs）
艾瑞克・考布蘭（Eric Kobren）

感覺。但是，如同巧克力蛋糕對你的長期健康會造成危害一樣，一般的理財顧問也會破壞你的長期財富。

有些顧問是採按時計費的方式，向顧客提供客觀的理財建議。由於沒有人希望增加額外的費用，因此這些按時計費的顧問可以成為你的專業合作夥伴，幫你建立成功的指數型基金投資組合。

對於美國人而言，有一個簡單的選擇，就是把錢交給先鋒集團（www. vanguard.com）。這家位於美國的非營利財務服務公司，是全球最大的指數型基金提供者。一年只要支付兩百五十美元，就有一位顧問幫你投資資金。你的帳戶若超過二十五萬美元，便能得到免費的理財服務。

另一個選擇是位於德州的AssetBuilder公司。該公司收取很低的費用，並透過一個名為「維度基金顧問」（Dimensional Fund Advisors）的機構，來購買指數型基金。只要付一點年費就能夠獲得服務，可供不想自己動手管理資金的人選擇。

另外，還有幾家公司同樣收取低廉的服務費，協助美國客戶建立指數型基金投資帳戶，例如ＲＷ投資策略（ＲＷＩＳ，位於馬里蘭州）、Aperio集團（Aperio Group，位於加州），以及埃文森資產管理（Evanson Asset，位於加州）。

提供類似服務的公司不只這幾家。不過請小心，並非所有只收顧問費的公司，都提供「低脂」的服務。

在美國，這種只收顧問費的合格財務顧問越來越多。但是，財務顧問伯特．懷海德（Bert Whitehead）在他的著作《九堂課，做自己的財務顧問》（*Why Smart People Do Stupid Things with Money*）中指出，許多公司（例如美國運通）表面上看似提供了只收取低顧問費的服務，但實際上卻會在客戶的帳戶中，塞進許多他們自己的主動型基金和保險產品。主動型基金墊高了公司利潤，因此對於銷售這些產品的業者很有利，但對於投資人卻是不好的。

我希望本書能夠提供個人自行建立指數型基金投資組合的必要工具，你只要找一位值得信賴的會計師，提供有關節稅的建議。如此一來，就能避免陷入財務服務產業的利益衝突。

請見表3-1，讓我們對照並瀏覽一下，股市指數型基金與主動型基金有哪些差異。

表3-1：主動型基金與指數型基金的差異

主動型基金	指數型基金
1. 由基金經理人買賣（交易）數十檔或數百檔股票。一般來說，一檔基金年初和年底所持有的股票很少是相同的。	1. 指數型基金經理人會買入股市中大部分的股票，通常超過1,000檔。這一年與下一年的股票有96%相同，沒有交易產生。營運狀況不佳、遭到證交所下市的股票會被剔除，新上市的股票則會被加進來。
2. 公司支付高薪請基金經理人及其團隊會進行廣泛研究，這會增加基金的成本，均由投資人支付。	2. 不會研究個股。指數型基金可以完全交由電腦操作，無須負擔研究成本。基本上，其目標是持有市場中的每檔股票，因此不須做任何的交易決策。
3. 股票交易（股票買賣）會產生佣金費用，這將會侵蝕主動型基金的價值，其費用是由投資人支付的。	3. 由於沒有交易產生，因此買賣股票的佣金費非常低。省下來的錢便嘉惠投資人。
4. 若基金的錢放在課稅帳戶裡，交易所產成的稅金將轉嫁給投資人。投資人將收到稅務機關寄送的稅單。	4. 沒有交易，代表即便錢是放在課稅帳戶裡，每年只須付最低的稅就可享有資本利得的成長。投資人可以把繳稅的錢留在口袋。

主動型基金	指數型基金
5. 基金經理人會注意特定的企業和業種，例如中小型基金只持有中小企業股票；大型基金則只持有大公司股票；價值基金只持有低股價公司股票；成長基金則持有成長中企業的股票。	5. 指數型基金會持有左列每一種企業的股票。所有類別的企業，都會被包含在同一檔基金內，因為它持有「整個股市」的股票。
6. 主動型基金公司經營者的獲利，是來自於基金管理費。向投資人剝削更多的管理費，意味著經營者能夠賺得更高的獲利。	6. 像先鋒集團這樣的公司是非營利性的。該公司是全球最大的指數型基金提供者，服務對象包括美國人、澳洲人、英國人。另外，亞洲人士、加拿大人與歐洲人士也能獲得指數型基金的服務。
7. 主動型基金公司的經營者必須為公司追求更高的利潤，因此提出積極的行銷計畫，並提供高額獎金給業務人員和理財顧問，驅使他們向客戶推銷基金。這些獎金都是由投資人支付的。	7. 業務人員很少推銷指數型基金，因為對於金融業者而言，販賣這類基金比較無利可圖。
8. 主動型基金公司會付「銷售佣金」給理財顧問，獎勵他們向投資人推銷基金。最後買單的是投資人。	8. 指數型基金幾乎不會支付銷售佣金給理財顧問。

主動型基金	指數型基金
9. 大部分的美國基金公司會收取申購或贖回費用，這筆錢是直接給銷售基金的經紀商或理財顧問。一樣是由投資人買單。（＊）	9. 大部分指數型基金不收取申購或贖回費用。
10. 理財顧問和經紀商都愛主動型基金公司。	10. 大部分的理財顧問和經紀商都不怎麼喜歡指數型基金。

＊編按：申購手續費是指買入主動型基金時必須支付的費用。一般而言，國內基金的申購手續費約為申購金額的1%至2%，海外基金的申購手續費約為1.5%至3%。辦理基金買回時，若直接向投信公司辦理，不必支付贖回費用；但若向其他代理機構辦理，則必須視其規定酌收代辦費。

三%手續費會吃光你的獲利

如果你是英國人或澳洲人，可以找先鋒集團提供服務，該公司已在英國和澳洲設立據點。這個非營利機構可能是全球最便宜的財務服務業者，而且指數型基金是它擅長的領域。

如果你在其他國家，或是在海外工作，同樣可以取得指數型基金財務服務（將於第六章討論）。美國的主動型基金的操作成本很高，但在非美國地區的成本卻更高。

牛津大學出版社曾於二〇〇八年發表一份研究，亞傑・考羅納（Ajay Khorana）、亨利・瑟凡斯（Henri Servanes）及彼得・特法諾（Peter Tufano）比較了不同國家的基金成本，包括預估銷售費用在內，發現費用最高的主動型基金市場是加拿大。不幸的是，先鋒集團的觸角仍未伸到這個國家（請見表3-2）。

所以，對於身處美國以外的人而言，由於投資成本很高，因此買進指數型基金而非有高額費用的主動型基金，將更加重要。

表3-2：全球各國主動型基金費用一覽表

國別	總預估費率（包括銷售費用）	費用低廉程度排名
荷蘭	0.82%	#1（費用最低）
澳大利亞	1.41%	#2
瑞典	1.51%	#3
美國	1.53%	#4
比利時	1.76%	#5
丹麥	1.85%	#6
法國	1.88%	#7
芬蘭	1.91%	#8
德國	1.97%	#9
瑞士	2.03%	#10
奧地利	2.26%	#11
英國	2.28%	#12
都柏林	2.40%	#13
挪威	2.43%	#14
義大利	2.44%	#15
盧森堡	2.63%	#16
西班牙	2.70%	#17
加拿大	3.00%	#18

資料來源：「全球共同基金費用總覽」（Mutual Fund Fees Around The World），牛津大學出版社（Oxford University Press），2008。

為什麼他們都不希望你買指數型基金？

有三種人認為，即使拉長時間來看，在扣除稅金和費用之後，主動型基金投資組合的報酬率，可能比指數型基金的投資組合更好。

挑戰這個不可能任務的第一種人，就是理財顧問。他會掏出所有的法寶，因為他必須說服你相信地球是平的、太陽以地球為中心旋轉，而且他比嘉年華會中的吉普賽人更會預測未來。對理財顧問而言，提到指數型基金，就像有人在他的生日蛋糕上打噴嚏一樣。他想要吃蛋糕，而且想把你那一塊也吃掉。

他走開，把舞臺空出來，接著觀眾面前出現一個大人物——她是財務服務公司的公關，穿著專業的套裝。她的工作之一是彙整出讓人困惑的市場評論，這些評論通常會和主動型基金財報一起出現。內容大概是這樣的：

這個月股價之所以下跌，是因為零售業績掉了二．五％，導致買黃金的人比買牛仔褲的人多。在美國的財政赤字不斷增加的情況下，中國的經濟前景可期，而債券的「殖利率曲線」（yield curve）收窄，使得兩名華爾街銀行家裸奔穿越中央公園。

其實，財務顧問所撰寫、發送的評論，就像「股票市場今年之所以上揚，是因為更多的北極熊能在十一月前找到合適伴侶」的說法一樣，令人完全摸不著頭緒，因為這些顧問認為反正沒人會讀這種東西。

如果你問這位女士，她會告訴你主動型基金才是正道。但奇怪的是，她完全不會提到自己得付一大筆要人命的貸款，因為她買下一棟價值一千七百萬美元、位於夏威夷海灘的夏日豪宅，而你必須幫這位女士還錢。

令人難過的是，告訴你主動型基金比指數型基金好、長期來看會獲利的第三種人，就是那些高傲、不可靠，不願承認他們的顧問將自身利益放在客戶利益之上的傢伙。

讓我們想想彼得．林區（Peter Lynch）吧，他堪稱史上最優秀的主動型基金經理人，在四十六歲退休之前，他管理的「富達麥哲倫基金」（Fidelity Magellan Fund），在一九七七年至一九九〇年間，為投資人創造了年平均二九％的報酬率。不過，近年來，這檔基金卻讓人失望，過去十年間的總報酬率只有二一％，而標準普爾五百指數的同期表現卻高達四一％。林區點出了這個產業的問題：

整體情況會變得更糟，由專業人士所操作的基金，績效會越來越差。投資人最好把錢放在指數型基金。

你也許認為，一九八〇年代的偶像林區已經過氣。但是，讓我們看看當代主動型基金經理人比爾・米勒（Bill Miller）的說法。他是「雷格梅森價值信託基金」（Legg Mason Value Trust Fund）的操盤手。二〇〇六年時，《財富》（*Fortune*）雜誌的安迪・賽瓦（Andy Serwer）稱，米勒是當代最偉大的基金經理人，因為他操盤的基金連續十五年打敗標準普爾五百指數。不過，當美國《金錢》（*Money*）雜誌的傑森・茨維格（Jason Zweig）於二〇〇七年七月訪問米勒時，他建議投資大眾選擇指數型基金：

> 在個人的資產配置中，應該有相當大的比例放在指數型基金上……除非你夠幸運或是善於挑選基金經理人，否則投資指數型基金應該能為你帶來更好的獲利。

這段話呼應了當時的情況。從二〇〇七年開始，米勒的基金績效大幅落後美國股市指數。當然，有些主動型基金經理人在實際操作基金期間，被雇主要求必須購買自己所操作的基金。但是，在課稅帳戶中，如果公司不要求經理人一定要購買自己的基金，他們通常不會這樣做。

泰德．亞隆森（Ted Aronson）管理的資金超過七十億美元，內容包括退休投資組合、捐贈基金及企業退休基金等。亞隆森是業界的佼佼者，但他怎麼處理自己的錢呢？一九九九年時，他告訴當時為「CNN金錢」（CNNMoney）網站撰稿的茨維格，他將所有課稅帳戶中的錢都投資於先鋒集團的指數型基金。

> 一旦放入稅賦的因素，就戳破了擁護主動型基金管理模式的論調……指數型基金輕鬆勝出。扣除稅金之後，主動型基金的主動式管理一定贏不了。

我們還可以看看一位真正重量級人士的說法，他是美國證券交易委員會前總裁亞瑟．拉維特（Arthur Levitt）：

> 最致命性的罪惡在於，持有某些主動型基金必須付出高成本。那些看似不高、只收取千分之幾的費用，累積一輩子下來，卻很容易讓投資者付出好幾萬美元。

不過，你不必感到絕望。只要能自律的存下錢、並規律的將錢投資在低成本、具稅務效率的指數型基金上，你就能獲得比其他人更好的投資效益。終你一生，以半數的資金獲取更多的報酬。

你在學校裡沒有學到以下這些課程，但是它們對你的財務幸福是很重要的：

①從統計上來看，相較於主動型基金，投資指數型基金能帶來最高的成功機率。

②至今為止，沒有人設計出一個系統，可以挑選出持續打敗指數的主動型基金經理人。如果有人宣稱可以做到，請把他們的話當成耳邊風。

③不要受到任何主動型基金的過去紀錄所誘惑，投資人的愚蠢行為之一，就是根據過去績效來選擇基金。

④當投資的錢放在課稅帳戶時，指數型基金的報酬遠勝於主動型基金。

⑤請記住，大部分的理財顧問都和你有利益衝突。他們不希望你買指數型基金，因為他們說服你購買主動型基金，可以賺到很多佣金。

你如果能避免踩到下頁圖3-4所示的各種陷阱，將擁有一個更有錢景的未來。

圖3-4：一個理財顧問的利益衝突

跟著錢的腳步走
客戶
也許我可以變有錢或提早退休。
我需要有人幫我投資。
拿錢給理財顧問……
理財顧問
我如果賣給他們「加佣基金」，可以額外得到一筆佣金（高達6%）。
如果我賣給他們「贖回佣金」基金，那麼當他們賣掉基金時我可以得到一筆不錯的佣金。
不過，如果我可以讓他們每年支付顧問費，我得到的好處才大呢！
我可以幫你找到幾檔很棒的主動型基金。
拿錢給主動型基金經理人……
主動型基金經理人
為了感謝理財顧問選擇我們的基金，我們會退佣給理財顧問——從客戶給的錢當中撥出來。
這裡面有一些很不具稅務效率的東西——真高興我自己沒有主動型基金。
我會盡我所能，將這筆錢投資在股票與債券的交易上。
……買了一輛新的保時捷

算一下：
如果股市在五年間的年報酬率為6%，那麼在支付1.75%的理財顧問費、1.5%的平均費率（加拿大為2.5%）、0.25%的12B1費（美國），以及1.7%的稅金之後，只剩下1.3%的客戶報酬率。

投資主動型基金的投資人，在扣除各項費用和稅金之後，平均只能獲得1.3%的年報酬率。因此，他們只享受到22%的股市獲利成果。

22%

客戶到底得到了什麼……

資料來源：Fang Yang。

第四堂課

等待下一回的股市暴跌，開心

我的兄弟伊恩是電影《鬥陣俱樂部》（*Fight Club*，一九九九年上映）的超級粉絲，他最喜歡的一幕是愛德華・諾頓（Edward Norton）所飾演的泰勒，朝自己腫脹的臉上猛擊。這是一種隱喻，泰勒其實是藉由此舉和自己的物質欲望對抗。同樣的，大多數的投資人也會陷入和自己搏鬥的情況。

這種內心的搏鬥，大部分來自於對股票市場的誤解。我無法保證你一定可以戰勝心魔，但是你如果理解股市的運作方式，以及一個人的情緒會如何破壞最佳計畫，就可以體驗到極佳的投資成果。

想像有一檔主動型基金在過去的二十年間，扣除所有的成本和費用之後，平均能達到一〇%的年獲利率。其中有幾年可能虧錢，但也有幾年的獲利高於預期，績效曲線有如雲霄飛車。但平均來說，在經歷過俯衝、爬升、曲折及轉彎之後，還能夠創造一〇%的年獲利率。如果在一九九〇年至二〇一〇年間，共有一千位投資人投資這檔基金，那麼每位投資人應該平均每年能獲得一〇%的淨利。

但事實上，結果通常和你所想像的不一樣。其原因在於，當這檔基金有幾年績效不佳時，大多數人的反應是減少投資金額或是整個喊停。許多投資理財顧問會說：「這檔基金最近表現不太好。由於我們總是為您尋求最佳利益，因此會幫你把錢移到表現比較好的基金。」而當某檔基金在某一年表現出色時，投資人和理財顧問便爭相把錢投入，有如野貓覬覦一塊肥美的鮭魚。

然而，這種行為具有自我毀滅性，當基金跌價並變得便宜時，人們會賣掉或停止購買，當基金變貴時，人們反而會瘋狂買進。如果大家沒有這樣做，我們反而會認為反常。投資人的這種行為，使得他們付出高於平均價格的成本去購買基金。不管是投資指數型基金或主動型基金，大多數人的績效表現都比所持有的基金來得差，因為人們喜歡買在高點，不喜歡買在低點，這真是悲哀。

先鋒集團創辦人約翰．伯格（John Bogle）在他的著作《買對基金賺大錢》（*The Little Book of Common Sense Investing*）裡指出，從一九八〇年至二〇〇〇年，在扣除稅金和費用之後，主動型基金的年平均報酬率為一〇%，然而同期投資這些基金的人，卻只有七．二%的年平均報酬率。

投資人對於低價的恐懼，使他們無法在基金低點時買進，然而當基金價格來到高點時，他們反而會興致勃勃拚命買。這種荒誕的行為破壞了理財成果，使得投資人在心理直覺的作用下，損失了二．七%的報酬率。

如果把時間拉長到二十五年，這種習性將會讓投資人付出昂貴代價：

- 投資五萬美元，年報酬率為一〇%，為期二十五年，最後本利和為五十四萬一千七百三十五・二九美元。
- 投資五萬美元，年報酬率為七・三%，為期二十五年，最後本利和為二十九萬一千零四十六・九五美元。
- 不理性的代價為二十五萬零六百八十八・三四美元。

但是，如果你不想注意股市起伏，結果會是如何？

其實，投資人不需要一直盯著股市起落。事實上，如果持續二十五年，每個月都投資（定時定額），來購買同一檔指數型基金，那麼假設該基金的年平均報酬率為一〇%，則可以獲得一〇%或更高的報酬率。

為什麼有可能更高呢？其原因在於，如果你每個月投資一百美元買基金，當基金價格上漲時，可以買到的單位數比較少，但是當基金價格下跌時，同樣的錢可以買到更多單位數。

表4-1：一般投資人與有經驗的投資人

一般投資人	有經驗的投資人
• 購買主動型基金。	• 購買指數型基金。
• 當基金價格上漲時會自我感覺良好，因此多買一點。	• 採定時定額投資，知道當股市上漲時，同樣的錢只能買到較少單位。
• 當基金價格下跌時自我感覺惡劣，因此少買一點或賣掉基金。	• 看到指數下跌反而會很開心，如果手邊有多餘的錢，還會加碼。

奇怪ㄟ～漲價了還拚命買

相較於每個月定時定額投資指數型基金的人，一般投資人買高賣低的荒謬行為加上主動型基金的高費用，讓他們的投資獲利相形見絀。從表4-1中，可以看出在未來（至少五年以上），哪一種投資人比較有績效，而且能提升投資價值。

我不認為所有的指數型基金投資人都擁有足夠的經驗，可以完全不受股市起伏所影響，並避開恐懼與貪婪所造成的自我傷害。但是，如果你能夠定時投資指數型基金，而且對於股市的漲跌保持冷靜，那麼你就能變得富有。

在表4-2中，你可以看到一九八〇年至二〇〇五年間，依據美國股市實際報酬率所計算的數字。左欄的數字八萬四千九百零九．〇一美元可能有點高估。主動型基金的一〇%年報酬率應該一直都被高估，因為其中不包括銷售、保管費或是稅金。

有紀律的指數型基金投資人不會傷害自己的投資利益，因此經過二十五年之後，其投資組合價值能輕易達到一般投資人兩倍之多。

如果中等收入的人謹慎消費、不超出能力範圍，那麼這樣的細節可以讓他們比領高薪的隔壁鄰居，更有效率的累積可觀的財富。

即使你的鄰居每個月的投資金額是你的兩倍，如果他們是一般投資人，一定會買主動型基金，並且會追買績效好的基金，而在市況不佳時縮手、不持續投資。他們對於買進高價的股票或基金感覺良好，但價格下跌時卻不想要買進。你只要避開這種自我毀滅的行為，就能增加累積財富的機會。

股市：何時進場不重要，待多久才重要

無論是聰明的人還是不怎麼聰明的人，很多人都誤以為自己可以正確掌握進出股市

表4-2：一般投資人與有經驗投資人的績效差異

一般投資人	有經驗的投資人
• 自1980到2005年間，每個月投資100美元在美國的主動型基金上（每天平均約3.33美元）。基金年平均報酬率為10%。	• 自1980到2005年間，每個月投資100美元在美國的股市指數型基金上（每天平均約為3.33美元）。基金年平均報酬率為12.3%。
• 扣除2.7%，因為一般投資人會買高賣低造成傷害，平均每年損失為2.7%。	• 沒有買高賣低的行為。
• 25年間的年平均報酬率為7.3%。	• 25年間的年平均報酬率為12.3%。
• 25年後的投資價值＝84,909.01美元	• 25年後的投資價值＝198,181.90美元

說明：雖然在過去的一百年間，美國股市的年平均報酬率約為10%，但有時表現會優於10%，有時則會比10%差。自1980到2005年間，美國股市的年平均報酬率則略高於12.3%

的時機。在股市上漲前進場，在下跌前離場，看似很簡單，但對於大部分的理財顧問而言，在網球場上打敗球王費德勒（Roger Federer）的機率，可能大過於為你算準進出場的時間。

先鋒集團創辦人伯格，曾被《財富》雜誌封為二十世紀的四大投資巨擘之一，對於掌握股市的時間點，他指出：

我在這個產業中待了近五十年，從沒看過有人能一直成功算準進出時機，我甚至不認識任何知道這種人的人。

當市場一片狂熱，人們往往不由自主進場或離場。但是股市非常不理性，且常會出現短期震盪。樂觀時，股市漲幅通常會超過預期。你可以採用一個簡單、年度性、機械式的策略，以保護資金不受股市崩盤的傷害（將在第五章說明）。當股市下跌，投資價值當然也會下滑，但其跌幅不會像你的鄰居們那麼多。這能讓你在市況不佳時，還能安然入睡。

我的策略是：**完全不用猜測股市漲跌。因為預測短期股市會朝哪個方向走，就有如**

猜測哪隻飛蛾會率先撲向燈火一樣。

在市場飆升期間，持有原本的指數型基金，什麼都不做，好像有點無聊，而在股市狂跌時仍然這麼做，這就有點恐怖。但是，絕大多數想在股市中成功進出的人（包括專業人士），其情緒的判斷往往傷害了獲利，最後都是買在高點、賣在低點。

研究顯示，大部分的市場變化就像是你上個月罹患的感冒，或是在牛仔褲口袋裡意外發現的一張十元鈔票。賓州大學華頓商學院財務學教授席格指出，即使回頭看股市歷史上報酬率最高的幾個交易日，也看不出市場活動有任何規律或原因。他檢視自一八八五年以來，股市變化最大的交易日（單日漲跌幅度達五%或以上的日子），並試著找出它們是否和全球大事有所連結。

席格發現，在大部分的狀況裡，他無法為這些大幅的股市變動找出有邏輯的解釋。而且不要忘了，他可以回頭看歷史資料，並對照市場行為和全球新聞。**如果像席格這麼聰明的人，都無法在具有後見之明的優勢下，找出世界情勢與股市變動的連結**，那麼一般人又怎麼能根據（或預測）將發生哪些事，對股市的未來變動做出正確判斷？這就像在一個開放的場地中，你不太可能猜對一頭情緒失控的拉布拉多犬，將會朝哪一個方向奔跑。

如果你曾經被說服，並根據某人的短期股市預測採取行動，通常這項行動很可能會成為一個代價高昂的錯誤。舉個例子，從一九八二年初至二〇〇五年底，美國股市的年平均報酬率是一〇・六%。

不過，如果在這段期間股市表現最好的十個交易日，你都沒有投資股市，那麼年平均報酬率將會跌到八・一%。若是錯過表現較好的五十個交易日，平均年報酬率則只有一・八%。股市變動是如此難以預測，且速度飛快。假使你把錢從市場抽出，也許是一天、一週、一個月或一年，便可能會錯過十年內表現最好的交易日。你永遠無法看出端倪，更重要的是，你的股票經紀人也無法正確預測。

傳奇投資人、億萬富翁肯尼士・費雪（Kenneth Fisher）在《富比士》雜誌上有個專欄，對於掌握股市的時間點，他說：

> 別忘了股市變動有多快。你一年的獲利，很可能是來自於少數幾次的市場大變動。你知道哪幾天會出現這種事嗎？我肯定不知道，即便我已具有三分之一世紀的理財經驗。

建立一個可靠的分散式投資帳戶，最簡單的方法是持有股票與債券的指數型基金（因為我從來不看個股漲跌）。我將在第五章中討論債券指數，這是一種能為投資組合帶來穩定獲利的工具。由於債券的長期報酬率比股票低，因此許多人認為債券是一種無聊的投資工具。可是，債券不會像股票一樣大跌。

就投資組合而言，債券獲利較慢，但是比較穩定、可靠。**一個可靠的投資組合會將一定比例的資金放在股票市場上，也會將一定比例的資金配置於債券市場**，當投資人的年紀越大，債券的投資比例便隨之增加。

但是，當股市開始大幅飆升，大家都被沖昏頭時，大多數的人往往會忽略他們的債券，而且會買進更多股票，理財顧問也是一樣。但是，那些忘記依照原定計畫，來配置資金在股票與債券上頭的人，將會身陷災難。

你如何確保自己不會成為這樣的受害者？答案很簡單。只要正確認識股票是什麼、可以對股票有什麼期望，就能夠提高理財成功率。

老師這樣教股票就好了

股票市場是商業的集合體，不只是圖表上的一堆難辨的線型，或是報紙上的幾篇報導。你持有股市指數型基金，就和持有你腳下所站的土地一樣真實。持有指數型基金，等於間接持有其中的產業和公司資產，包括土地、建築物、品牌、機器設備、運輸系統、產品等等。了解這個關鍵，可以為你的投資帶來巨大優勢。

企業盈餘與股價成長是兩回事，但長期來看，兩者往往會反映相同的結果。例如，一家公司在三十年間獲利成長十倍，則可以預期該公司的股價也會同步上揚。

股市變動，有如狗的行動

股市指數也是如此。股票市場上的公司在三十年間，平均成長了十倍（年成長為八．二三％），我們便能預期股市指數也有同樣表現。長期來看，我們可以預期，股市會反映出所有公司所創造的財富（股市指數的成長，代表全體上市公司共創的成長）。但短期而言，股市可能無理可循，有如繫著狗鏈的瘋狗。而這條瘋狗的行動，可能會把我們帶向貧窮而非財富。

我曾養過一條狗兒，我們餵牠吃的好像是炸藥、而非飼料。一不注意，牠就會上演美國電視影集《越獄風雲》的戲碼，竄上後院裡那道五英尺的圍籬，並讓我們家和鄰居的關係陷入緊張，因為狗兒可能會毀了隔壁的花圃。

當我帶狗兒到屋外跑步，牠精力通常十分旺盛。我朝一個方向跑，牠則是忽前、忽後、忽左、忽右。不過，我用一條很長的狗繩拴住牠，所以牠跑不掉。

如果我牽著狗兒，花了十分鐘從湖邊跑到糧倉，我想任何人都知道牠花的時間也是十分鐘。當然，一路上狗兒可能會跑在我前面或落後，而且鼻子還不斷嗅著其他同伴留在地上的「禮物」。但無論如何，因為有那條狗繩，狗兒無法超前或落後我太多。

現在，想像有一堆情緒化的賭徒，正看著幾條繫著繩子的狗賽跑並下注。當其中一條狗往前衝出時，這些人會把錢下注在這條衝勁十足的狗上，賭牠跑得最快。但是，這狗是繫上繩子的，因此無法距離主人太遠。當這條狗往前衝到一定距離時，牠不是慢下來，就是只能停下來——如此一來，主人才跟得上。

但是，賭徒沒想到這一點，當他們看到狗跑在最前面，並不會注意到牠脖子上綁著繩子，只會預判這狗能維持驚人的速度，並下注賭牠會贏。這些人的貪婪讓自己失去理智、情緒高漲。若不是過度亢奮，應該能看出被綁著的狗是無法跑離主人太遠的。

這很顯而易見，請記住：股票市場就像一條繫著繩子的狗。如果在某幾年裡，股市的揚升幅度比企業盈餘表現好兩倍，那麼之後股市就必須稍微停一下，等企業盈餘表現追上來，要不然就是會快速拉回。但當股市快速上揚，人們往往會忘記這件事。

股價，不可能永遠和企業盈餘脫節

一九八八年至一九九八年間，可口可樂的盈餘成長了二九四％，但公司的股價卻漲了九六六％。由於股價漲得如此之快，投資人（包括主動型基金經理人）紛紛進場買可口可樂的股票，把股價推得更高。對人類而言，貪婪可能是最強的迷幻藥。

可口可樂的股價（狗）跑在企業盈餘（主人）前面。股價合理的上升幅度應該和獲利相當，如果從一九八八年至一九九八年，可口可樂的盈餘成長了二九四％，該公司股價的成長幅度應該接近於二九四％。但可口可樂的股價卻上漲了九六六％，相較於盈餘表現，這個數字是不合理的。

從圖4-1中，你能否看出當股價跑得太快，接下來發生什麼狀況？

最終那條狗被拉回來，以配合主人的腳步。股價狂漲十年之後，可口可樂的股價最後還是得下跌。從圖中可以看出，該公司二〇一一年的股價比一九九八年還低。可口可

圖4-1：可口可樂公司股價與盈餘走勢圖

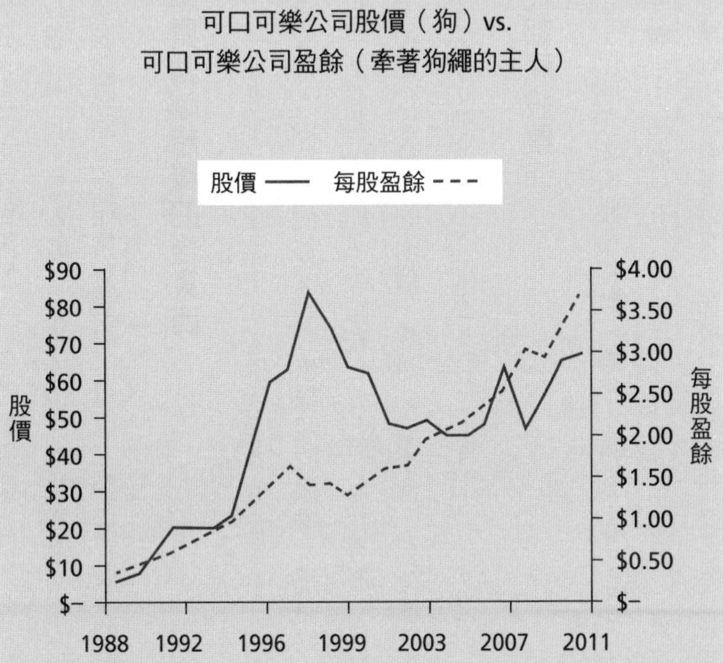

資料來源：價值線投資調查。

樂的股價與公司盈餘重新做調整，就像是繫著繩子的狗必須配合主人的腳步。

你可以檢視任何一檔股票。長期來看，股價雖然可能在某個時期飆升，但絕不可能永遠與企業盈餘脫節。你如果想驗證，可以上網找尋股價的歷史資料。

股票是越貴就越想買的怪東西

可口可樂並非唯一股價跑得比盈餘快很多的企業。一九九〇年代後期，全世界的投資人都湧進股市，因為他們都受到股價飆漲的激勵。那時候，隨著股價屢創新高，買股票的狂熱也不斷高漲。例如，美國在一九九〇年代經歷一段經濟成長，但同一時期的股價成長幅度卻是企業盈餘的兩倍。然而，這不會一直持續下去。接下來的十年，我們可以看到跑得太快的狗兒最後還是被拉回，以配合主人的步伐。

每個年代都瘋股票

ＭＳＣＩ已開發國家股市指數（摩根士丹利〔Morgan Stanley〕所推出的世界股市指數之一）顯示，經歷一九八九年至一九九九年勁升二五〇％之後，二〇〇〇年至二〇一〇年，全球股市盤整了一次，在這十年間總共只上漲二一％。

無論是可口可樂一家公司，還是整個股市指數，長期來看，都存在著一個現實：股價的成長必定和業績成長直接連動。

短期間股價之所以有漲有跌，是受到供給與需求的影響。如果買方比賣方多，股價（股市指數）便上漲。當賣方比買方多時，股價就下跌。當股價上漲時，人們對自己的投資更具信心，會買進更多股票，進而將股價推得更高。人們沉醉在自己的貪婪裡，沒有意識到當股價大幅超出企業獲利成長時，即會形成股市泡沫。

過去不會重來，但你能等到它「重演」

回顧歷史，每個年代至少都會出現一次股市大飆升。下頁表4-3列出過去九十年的三個時期，當中的數字來自於美國道瓊工業指數。從表中可以看出，這三個時期的股價水準都大幅超越了企業獲利水準，但緊接著而來的，便是「主人」扯回了「狗兒」。

以一九二〇年至一九二九年這十年來看，道瓊工業指數成分股的平均業績成長率是一一八％。但同一期間，股價卻增加了二七一・二％。因此，如果有人在這十年間投資道瓊三十成分股，並且一直持有，那麼即使不包括股利，就有超過二七一％的獲利，如果加上股利，獲利應該逼近三〇〇％。

表4-3：股價無法長期超越獲利

股價獲利的年分	企業獲利成長率（主人的腳步）	股價成長率（狗的腳步）	接下來十年間的股價跌幅（股市整體的狀況）
1920–1929	+118%	+271.2%	−40.9%
1955–1965	+50%	+98.5%	−9.3%
1990–2000	+152%	+290%	−0.17%

說明：以上數字不包括股利。
資料來源：價值線投資調查。

不過，從長期來看，股價無法一直超越業績，因此在接下來的十年裡（一九三〇年至一九四〇年），整個股市跌了四〇．九%。歷史再一次證明：繫著繩子的狗兒，是無法逃離主人的。

另外，一九五五年至一九六五年，以及一九九〇年至二〇〇〇年這兩段期間，投資人也忘了企業獲利與股價之間有緊密關聯（參照表4-3）。

任何投資美國股市指數的人，都可以在一九九〇年至二〇〇〇年這短短的十年間，得到超過三〇〇%的獲利（含股利）。然而，企業的獲利有成長三〇〇%嗎？連邊都沾不上。而這正是二〇〇〇年至二〇一〇年股市熄火的主因。

這和你有什麼關聯？

在每個年代裡，這樣的現象會重演。股價攀高，許多人會放棄保守的投資策略。當股市上漲得越快，投資人就越來越不顧後果。他們會將更多的錢投入股市，而忽略了債券。最後，當股市下跌或停止上漲時，這些人就咒罵自己運氣不佳。但事實上，這幾乎無關運氣。問題出在投資人缺乏紀律，或是忽略了股票市場的運作模式。

波段操作？我的下場是……

一九九〇年代後期的科技股狂潮，可說是股市歷史上最大的鐵達尼號迷航及幻滅。那些企業獲利與股價高度脫節的公司，風險最大。

許多網路公司甚至在完全沒有獲利的情況下，股價還能一路飆升，而媒體與矽谷超級富豪的傳奇故事更將股價往上推高。這些人多半都不知道股價與企業獲利之間具有長期的直接關聯。不管哪個行業，企業獲利不可能每年都持續成長一五〇％，股價當然也做不到。

當時，有幾位相當有名的金融分析師在推波助瀾，例如摩根士丹利的瑪莉・米可

（Mary Meeker）、美林的亨利・伯吉特（Henry Blodgett），以及所羅門美邦（Salomon Smith Barney）的傑克・克魯門（Jack Crubman）。但現今，他們可能羞於見人。據我所知，這些一九九〇年代頂尖的網路股分析師，現在應該都隱遁在婆羅州的叢林裡，尋找安全寧靜的安身之所。我可以想像有些投資人真的很想取下他們的腦袋。當科技公司毫無利潤、股價卻直衝雲霄時，他們透過媒體放話，鼓勵一般人進場買、買、買，有如火上加油，讓股價飆得更高。

相較於前幾個世代的股市泡沫，這段期間的泡沫成長得更快、更大，這都要拜網路這個快速溝通管道所賜。然而，不管哪個年代都有個共通點，那就是投資人都認為「這次一定不一樣」。當股價與企業獲利脫節時，人們都認為歷史一定會改變，股價不再反應企業獲利，繫著繩子的狗會產生質變，牠們會長出翅膀，並帶領著加拿大的雁群飛往佛羅里達。可是，時間一長，股價仍舊要反應獲利。如果股價不反應獲利，那就會出現問題。

即便是全球最大的科技公司，當輕忽了獲利水準時，股價也會被過度追高。如左頁表4-4所示，當硬梆梆的企業獲利數字終於賞了股價一拳，股價便會被拉回現實，那些忽略企業成長與股價成長直接相關的人，最終會輸得連上衣都脫光。若在二〇〇〇年，投

表4-4：投資人如何受到懲罰

熱門 股票名稱	2000年時 投資金額	2001–2002年 低點時的價值
亞馬遜書店（Amazon.com）	$10,000美元	$700美元
思科（Cisco Systems）	$10,000美元	$990美元
康寧（Corning Inc.）	$10,000美元	$100美元
捷迪訊光電（JDS Uniphase）	$10,000美元	$50美元
朗訊（Lucent Technologies）	$10,000美元	$70美元
北電網絡（Nortel Networks）	$10,000美元	$30美元
價格線上網路（Priceline.com）	$10,000美元	$60美元
雅虎（Yahoo!）	$10,000美元	$360美元

資料來源：晨星公司，以及墨基爾《漫步華爾街》。

資一萬美元在千禧年最熱門的幾檔科技股上，可能會帶來毀滅性的損失。

在網路泡沫破滅之前，致富的故事不斷誘惑著投資人和基金管理公司。

基金公司一窩蜂成立科技股基金，以便有商品可供銷售。當然，他們的主要任務，並不是為你我賺錢，而是為經營者或股東賺錢。

有句話說：「華爾街只賣會賣的產品。」因此，新推出的科技股基金好像飛機的頭等艙機票，只不過油箱幾乎是空的。當飛機飛進雲端，乘客開心的笑著，直到油箱裡的燃料用盡。

令人難過的是，許多經濟艙的乘客也登上這一架很快要出事的飛機。當飛機墜地，許多科技股基金和網路股的投資人幾乎血本無歸。

在這場網路泡沫浩劫中，沒有人能全身而退。你或許會想也有許多人賣在高點，但是在那個瘋狂的年代裡，你的錢短短幾個月內就能連翻好幾倍，使得許多業餘或專業的投資人都前仆後繼。沒有人知道高點在哪裡，因此大家不斷追高買進科技股。

如果我說我完全不受科技股的誘惑，那便是在說謊。一九九九年，我買下當年最受歡迎的科技股之一「北電網絡」。

我那時候買了北電網絡的股票，真的很愚蠢。但是，眼睜睜看朋友靠著科技股輕鬆賺進大把鈔票，我卻什麼也沒做，是一件難以忍受的事。我也捲進這股狂潮，雖然我根本不知道北電網絡在做些什麼，但當時這一點也不重要。

後來，我看了北電網絡的年報，發現從一九九六年開始虧損一直擴大，但我不在乎。當然，這讓我感到緊張，可是股價一直在漲，我不想落於人後。

更糟糕的是，一九九六年開始，北電網絡的虧損雖然越來越大，股價卻反其道而行。我以八十三美元買進，當股票漲到一百一十八美元時，便賺了四二%。這麼晚才登上北電網絡的車，我無法相信短短的時間內，竟然可以賺這麼多。我發覺到這是一筆太輕易得到的錢財，於是，我以每股一百一十八美元賣出。然而沒多久，股價就漲到一百二十四美元。

接著，我看到一份分析報告指出，在年底之前，股價應該會漲到一百五十美元。我幹嘛在一百一十八美元時把股票賣掉？

當股價回到一百二十美元時，我像個笨蛋一樣，把股票又買了回來。我只盯著那條狗，卻忘了那位不講情面的狗主人。

接著，地心引力猛力拉回股價，一百美元、八十美元，然後五十美元。突然間，每個人都嗅到變天的氣味。

我在四十八美元時賣掉股票，投資的錢幾乎被腰斬。我之所以被燒得遍體鱗傷，是因為買了一檔絕對不該買的股票——北電網絡的股價雖然迅速狂飆，但多年來公司卻連一毛錢都沒賺到。

其實我還算幸運。現今，那些股票只值幾毛錢。我有許多朋友都還沒有賣掉這檔股票。這個令人羞愧的經驗提醒我們記住：貪婪與粗心結合在一起會發生什麼慘事。

九一一狂跌，終於等到你

購買股市指數型基金不一定是無趣的。如果別人恐懼時你貪婪，別人貪婪時你恐懼，就能為你的投資組合加分。你不必整天追著投資消息或股市變化，只需要善用最安全的投資成分：債券。

二〇〇一年九月十一日發生了一個大災難，恐怖分子挾持兩架客機撞向紐約世貿中心，引發所有美國人心中的恐懼。大樓倒塌之後，股市暫時停止交易。令人傷心的是，大約有三千人在恐怖攻擊中犧牲。

看清企業獲利，別管下週行情

但長期來看，九一一對美國企業獲利有何影響？儘管這個事件非常悲慘，但不太可能對可口可樂、麥當勞漢堡、星巴克咖啡，或是Safeway超市的食品銷售量造成重大影響。人們能夠從災痛中快速復原，企業也是如此。

不過，當股市重新開市時，股價往下跌落了。

許多投資人不覺得股市代表了某些真實的事物，例如企業的實質獲利。恐懼與貪婪，主宰了股市短期的非理性行為。但是，將股市視為企業的集合體，而非圖表上一條難辨的曲線或報紙上的幾句報導，便能夠充實你的財富。

當企業獲利與股價脫節時，你可以善用這個機會。九一一之後的股票市場，正好和一九九〇年代後期的一片榮景形成強烈對比。雖然股價大幅滑落，但事實上，企業獲利幾乎沒受到影響。

紐約證券交易所在九一一後重開股市時，好像高舉一張巨大的霓虹招牌，上面寫著「今天大拍賣」。股市一開盤，指數比前一個月的開盤水準低了二〇％。

我蒐集手上的每一塊錢，全都投入股市，就像是在「結束營業大拍賣」中瘋狂搶購的人。信心不足的人不喜歡這樣做，因為他們擔心股市會不會跌得更深。**但是，真正的投資者不會這麼想，他們關心的是二十年後的市場會如何，而不是下週的變化。**擔心眼前的狀況，只會讓你對股市做出不理性的判斷。

買股就像逛百貨，八折才買

被稱為「奧瑪哈的先知」（Oracle of Omaha）的巴菲特，一九九七年在一封寫給波克夏．海瑟威（Berkshire Hathaway）公司股東的信中，提出了一項測驗。你如果能通過這項測驗，就能在投資之路上走得順遂。可是，大多數的投資人和理財顧問都無法過關，而這正是為什麼大部分的人都是差勁的投資者。巴菲特在信中寫著：

如果你打算靠吃漢堡度過一生，而你又不是養牛的，你希望牛肉價格高一點或低一點？同樣的，如果你想經常換車，而你又不是汽車製造商，你認為車價是高一點還是低一點好？當然，這些問題自有答案。

現在，最後一個問題來了：如果你在未來的五年間只買不賣，你希望這段期間股市是高一點、還是低一點？

許多投資人都答錯。即便他們知道在未來好幾年內，都只能買不能賣，但當股票上漲時他們還是得意洋洋，而當股價下跌時則失望沮喪。他們因即將要買的「漢堡」漲價，而感到滿心歡喜。

這種反應不合邏輯，因為要賣股票的人應該在看到股價上漲時感到高興。有遠見的投資人應該比較希望看到股價下跌。

請把股市想像成是一家專賣保久產品的雜貨店。當價格下跌時，囤積這些產品是好的，因為價格一定會再度回升。如果你喜歡罐裝豆子，而那家店這個週末又正好打八折促銷，你可以坐在家裡想著下週會不會更便宜，或是你可以停止這種愚蠢的想法，立刻起身去買。假如下個月價格繼續降，你還可多買幾罐。如果只是坐在家中揣測豆子會不會更便宜，便會錯失機會。

股市下跌和雜貨店促銷是一樣的，我將告訴你如何善用這種機會。

市場下殺，是一場難得的盛宴

九一一發生之後，我從哪裡找到錢投入市場呢？答案是我賣掉一些債券。關於這點，我不需要做任何特別的判斷，只不過是遵循一個標準化的策略而已（我將在第七章中說明）。

我在二〇〇一年九月後投入美國股市的錢，短短幾個月內漲了一五％。即使經歷了二〇〇八年至二〇〇九年的金融危機，二〇一一年一月我買的股票已經上漲了五五％，其中包括股利在內。但這令我感到沮喪，是的，你沒看錯。看著股票上漲，我確實感到沮喪。

九一一之後，我希望股市持續下跌，好讓我購買跌價的股票。這有點像是打賭一條綁著長繩、睡著的狗，最終還是會起身，並且衝向快步前進的主人。當繩子越長、狗兒睡覺的時間越久，便能投資更多的錢。當主人爬上山丘，狗兒一定會追隨其後，而我能拉著我那一車子的錢跟著牠跑。令我難過的是，股市並沒有在低檔中沉睡太久。

當然，並不是每個人都對股市下跌或維持低檔感到開心。例如，如果你已經退休，就不希望看到股價下跌。其原因在於，沒有薪水就無法再買便宜的股票，而且必須定期賣掉一部分的投資，以支付生活所需。

想在五年或更多年間，為自己的投資組合增加價值的年輕人，在看到股市下跌時得慶祝一番。我不認為我還有另一次機會，碰到類似九一一後股市的非理性恐懼，進而獲利。**對於薪水族而言，股市下殺是一場難得的盛宴。**不過，二〇〇二年至二〇〇三年之間，又出現了另一次機會（如圖4-2所示）。在美國宣布對伊拉克開戰之後，相較於二〇〇一年的高點，股市跌了四〇％。

你認為這段期間全美國的企業獲利平均縮水四〇％？百事可樂、沃爾瑪、埃克森美孚石油、微軟的獲利下跌四〇％？即便在當時，也很難找到相信這些說法的人。但是，這些公司的股票卻在股市中以六成的價格交易。我垂涎三尺，希望這次股市盡可能多幾

圖4-2：美國股市提供一個買便宜的好機會

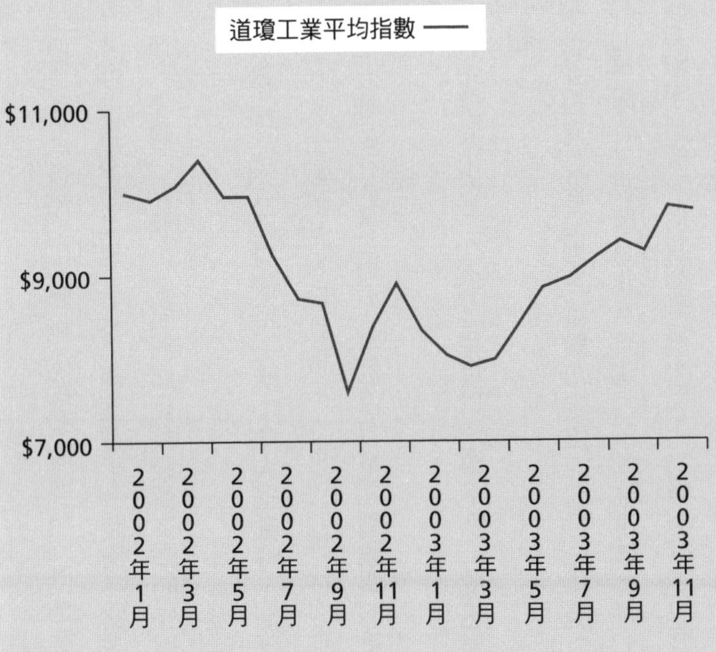

資料來源：雅虎財金網的道瓊工業指數（Dow Jones Industrials）股價資料。

年維持在低檔。

我不知道股市會跌多深，因此無法買在最低點，但是這並不重要。光是在「打八折」的旗幟在我面前揮舞時進場，我已經獲益了。股市一路下跌，我一路買進。如果我能多接一個工作、多賺一點錢，就能把握更多股價下跌的好處，也許可以一路買到最低點——六折。

然而，大多數的投資人面對價格下跌、令人垂涎時，卻反應過度，在該買進時反而把股票賣掉。這些人對減價拍賣感到害怕，希望能趕快用更高的價錢買回他們的股票（是的，這真是一種瘋狂的表徵）。他們沒有掌握到股票的重點：股票代表你擁有真正的企業。

再一次，我希望股市在二〇〇三年可以持續下跌，或能維持幾年低檔，如此一來，我才能飽餐一頓。

不過，事情並沒有如此發展。當股市走出二〇〇二年至二〇〇三年的低點，並一路復甦到二〇〇七年底時，我感到非常失望，在短短四年之間，股市上漲超過一〇〇%。退休人士應該會額手稱慶，但我卻難過不已：「超（股）市的促銷拍賣」結束了。

當股市在二〇〇七年飆漲時，我沒有放半毛錢在我的股市指數型基金上，相反的，我買了債券指數型基金。我的操作模式根據一個大原則：**債券配置比例等於我的年齡**。舉例來說，當年我三十七歲，因此我的投資組合中有三五％至四〇％是債券。二〇〇七年時，股市快速飆漲，所以我的股市指數型基金所占的比例比原本設定的高，以至於債券的比例遠低於三五％。於是，在整個二〇〇七年間，我都把錢花在購買債券上，甚至賣掉一部分的股市指數型基金來購買債券。

二〇〇八年，當股市從二〇〇七年的高點拉回二〇％時，我又開始展開投資股市指數的計畫。從下頁圖4-3可以看出，股市在二〇〇八年時產生什麼變化。當股市從二〇〇七年降到二〇〇九年三月的低點時，我開心的用每個月存下來的錢加碼投資股市指數。這種感覺就像走進蘋果電腦專賣店，看到最新款的iPhone貼著打折標籤。

接著行情跌到股票如同五折出售，卻沒有人排隊購買！曾經有一次，股市指數型基金跌了非常多，所以我賣掉不少債券指數型基金，去購買股市指數型基金，以保持投資組合中股票與債券的比例平衡。當股市下跌，我的債券配置比例遠高於三五％。因此，賣掉一些債券指數型基金，並買一些股市指數型基金，有助於將我的投資組合帶回預設配置水準。

經歷了股價如此大幅下跌，我終於明白巴菲特在一九七四年接受《富比士》雜誌專

圖4-3：全球股市成交量

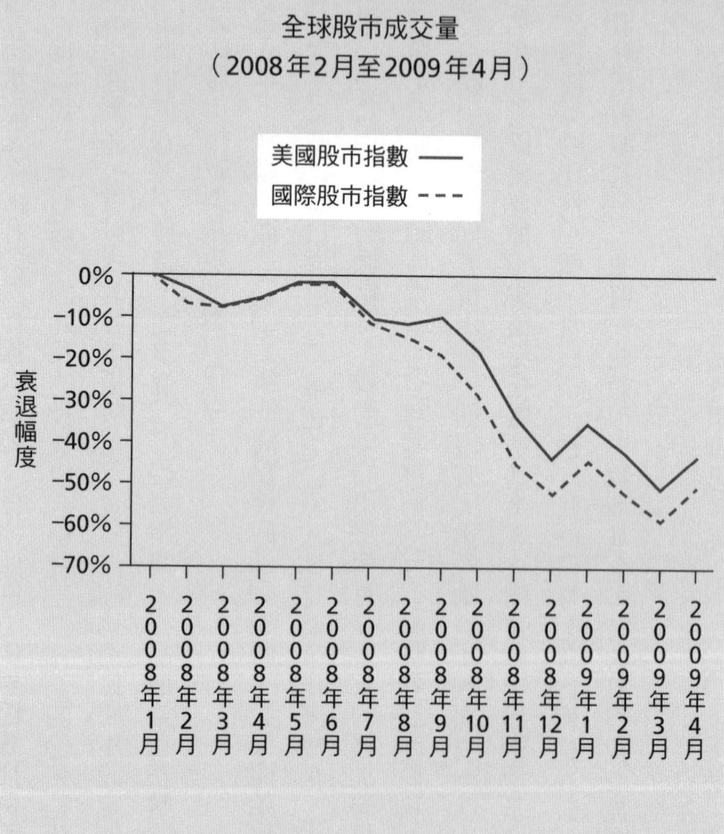

資料來源：先鋒集團的美國與國際指數股價資料。

訪時，為什麼會說當他面對股市大幅下跌時，覺得自己像是在後宮裡過度縱欲的傢伙。

我想再次提問：二〇〇八年與二〇〇九年間的經濟衰退，有吞掉美國企業的獲利嗎？當然，有些企業虧錢，但並非所有的企業都這樣。如果股價跌了五〇％，除非企業盈餘已經（或預期）下跌五〇％，否則股價就是不合理的。股票市場總是如此，投資人的貪婪與恐懼會導致不合理的股價水準。二〇〇八年至二〇〇九年間，我祈禱股價可以維持低檔。

為了這種物欲而祈禱顯然是不對的，後來股市上漲了，也許是上天懲罰我。從二〇〇九年三月至二〇一一年一月，美國股市指數上漲了八五％，而國際股市指數（我也有買）則漲了將近九〇％。我並非總是沮喪消沉的人，但是那個月我購買的指數型基金全都變貴了。

人們不會經常遇到瘋狂折價這麼棒的機會。但是，透過催情且誇大的電視財經節目、前景模糊的經濟環境，以及在網路上大幅散播的情緒，我們都知道在上個十年，股市的確經歷了相當大的變動。

不幸的是，大多數的人都很容易敗給自己，喜歡在股價上漲時進場投資，在看到便宜貨時卻嚇得縮手。只要觀察股市上漲或下跌時大部分投資人的行為，就可以知道這種狀況。伯格在他的經典著作《共同基金必勝法則》（*Common Sense on Mutual Funds*）中指出，當問到「投資人是否永遠都學不會教訓？」時，結果相當令人驚訝。

一九九〇年代後期，股市完全無視地心引力存在。投資人將一疊又一疊的錢投入股市，在這段期間內，股票型基金增加了六千五百億美元。然而，當二〇〇八年與二〇〇九年股票變得便宜時，美國股市經歷了自一九二九年至一九三三年以來最大的市場衰退。你認為大部分的美國主動型基金投資人會怎麼做？他們在應該買進時，反而賣掉了超過兩千兩百八十億美元的主動型基金。

對於未來，我們只知道一點，那就是一定會再經歷一次無法預期的股市震盪。市場也許會下跌，有如墜入萬丈深淵，也可能像噴射火箭一飛沖天。

如果你能具備「股票市場反映企業獲利」的知識，那麼當股票上漲時，便不會受誘惑而冒險，當市場下跌時也不會感到恐懼。如果你能用股市指數型基金和債券指數型基金，建立一個可靠的投資組合，你就可以在保持投資穩定性的同時，享有善用股票市場非理性行為的好處和機會。

在下一章裡，我將詳細告訴你要如何做到。

第五堂課

股市崩盤照樣賺：懶骨頭投資組合

我小時候總是聽到這句話：「吃掉你的甘藍菜（即高麗菜），你才可以長高、長壯。」

因此，每天早餐時，我都要吃一大碗甘藍，午餐時也要吃一盤甘藍，到了晚餐，還得清光一大鍋甘藍，而且一週七天都是如此。

如果這句話是真的，現在我應該長得像一個有腳的、長了葉子的綠色球狀物。甘藍也許是好東西，不過如果想要健康，除了甘藍之外，還必須吃更多的東西。

同樣的，整體股市指數型基金對你有益，但並不代表是個均衡的投資組合。如果你只買股市指數型基金，那麼你的投資組合將會受到股市波動影響。當股市跌二〇％時，你的投資也會跌這麼多。當股市跌五〇％時，投資價值便縮水五〇％。

對於所有投資人而言，這樣並不好，特別是對正要退休並需要穩定收入的人而言，更是如此。如果一位六十歲女士計畫用她的投資組合作為退休財源，那麼當她看著辛苦賺來的錢在股市慘跌時大幅貶值，心裡肯定不好受。

當股市攔腰對砍時，如果投資組合也跟著下跌五〇％，那就不及格。當股市下跌時，債券可以是很好的降落傘。

債券，讓你進可攻退可守

龐德（Bond）是一個有殺人執照的英國情報員（譯注：〇〇七情報員龐德的英文拼法和債券相同，作者以此為雙關語），他和好幾個不同的女人睡覺，怎樣都不會死。而且，每隔大約十五年，就會由另一個人來扮演這個角色，看起來就是完全不一樣的傢伙。

而在金融世界裡，同樣叫做Bond的債券則是一個有趣的東西。

別小看債券的避險功能

長期來看，債券不能像股票一樣賺那麼多錢。但是，它波動比較小，因此當股市耍起脾氣時，債券能保護你的投資價值，不至於跟著跌落谷底。

所謂的「債券」，是指你將一筆錢借給政府或是某家公司。只要政府或該公司能支付借款和利息，你的錢就是安全的。

最安全的是高所得工業國家所發行的公債，稍微有一點風險的則是績優的「藍籌企業」所發行的債券（編按：藍籌〔blue-chip〕企業是指聲譽良好、經營穩建，或是歷史悠久、市值規模較大的企業，例如臺灣的台塑、台積電、鴻海等），例如可口可樂、沃爾瑪及嬌生（Johnson & Johnson）等的公司債（編按：corporate bonds，亦稱為「企業債券」）。

債券的風險越高，發行者便願意支付越高的利息，但無力償還借款的機率也越大。因此，公司債的利息越高，風險通常也越大。

如果想幫資金找一個安全之處，最好放在短期的公債，或是短期的績優公司債上。

為什麼是短期？因為如果你買了一檔十年期、年息四％的債券，在這段期間裡，利息可能被通貨膨脹所侵蝕，那麼實質上你等於虧了錢。債券每年會支付四％的利息，但如果你購買的早餐玉米片每年漲價六％，那麼債券的四％利息根本沒賺頭。

因此，相較於購買長期債券，購買短期債券（一至三年）是比較明智的。當出現嚴重的通貨膨脹時，不必為十年都綁在同一個利率上感到難過。當短期債券到期時，再用拿回來的錢去購買其他利率更高的短期債券。

如果這聽起來太複雜，你不用擔心。你可以購買短期的公債指數型基金，如此一來，不必擔心它哪天到期。它會保持與通膨水準同步，當你有需要時，隨時可以賣掉，非常簡單。

買債券，穩穩賺利息

基本上，你購買一個公債指數型基金（在第六章將詳細說明），便能夠調和你的投資帳戶。但是，如果想了解債券如何運作，以下的簡單介紹可以讓人一窺梗概。

假設你購買一檔五年期的公債，在購買時便知道利率為何，並且政府保證你可以收到利息。換句話說，你借了一萬美元給政府，政府保證你每年都能賺到五百美元的利息，那麼這筆公債的年利率就是五％。

你可以選擇尚未到期就賣掉，但是債券的價格每天都會變動。相較於到期後拿回一萬元的本金，如果你選擇提前賣掉，或許可以拿到一萬零五百美元，但也可能只拿回九千五百美元。

當通膨或市場的利率上升時，債券的價格會下跌。假設購買利率五％的債券時，通貨膨脹率是三％，而當你想賣掉時，通膨率突然上升到五％，則應該沒有人想買你的債券。其原因在於，如果買你的債券，在扣除增加的生活成本後，根本沒賺頭。但是，若債券跌價，大家可能願意花九千五百美元購買。當債券到期時，新的投資人仍然可以收回一萬美元。

當市場利率下跌時，你的朋友應該會想買你那檔年息五%的公債，但他可不是唯一一個。機構投資者也會爭相買進這些債券，導致債券價格上揚。也許會從原本的一萬美元上漲到一萬零三百美元。債券價格的調整和股票價格類似，需求越大價格就越高。

不過，如果堅持持有債券，每年還是只能賺到五百美元利息，當債券到期也只能領回一萬美元。你洋洋得意，而他沮喪萬分。

從以上的說明，可以看出為什麼會有一個「債券交易市場」，因為人們都想利用價格波動來賺錢。結果，出現了專門從事債券買賣的主動型基金。

指數型基金，依然是贏家

如果你想購買主動式管理債券型基金（又稱為「債券型基金」），請記住這一點：債券指數型基金閉著眼睛都能打敗它們。因為在債券基金的世界裡，成本的影響更大。

從圖5-1中可以看出，二〇〇三年至二〇〇八年間，含有銷售佣金（支付銷售費用給理財顧問）的主動式管理公債基金，平均年報酬率只有三・七%。沒有銷售佣金的主動式管理公債基金，平均年報酬率則為四・九%。如同股票型基金一樣，平均來說，無佣金基金的績效相對比較佳。

圖5-1：債券基金比較圖

（單位：美元）

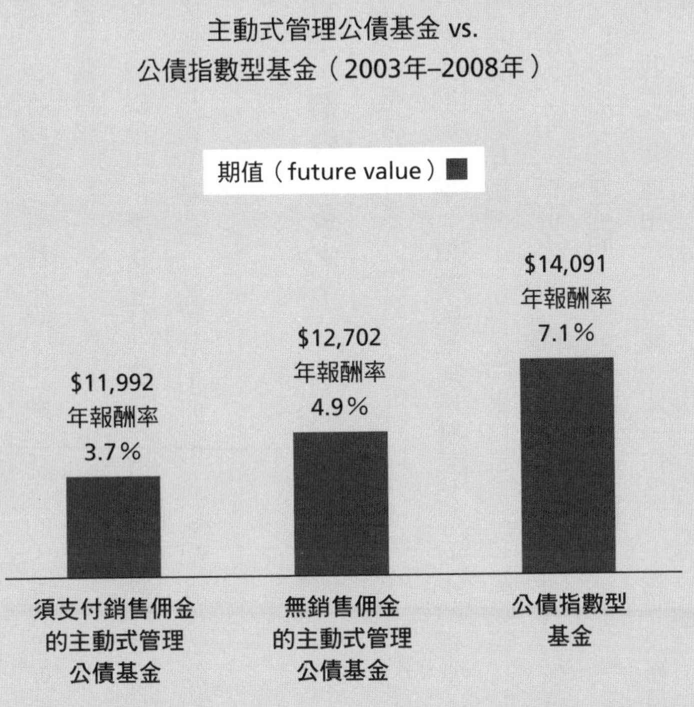

資料來源：約翰．伯格《共同基金必勝法則》。

但是，在同一期間，美國公債指數型基金的平均年報酬率為七．一％。無論你投資股市指數或是債券指數，整體來說，主動型基金的主動式管理都會侵蝕你的報酬率，因為都有許多隱藏費用。

在你的投資帳戶中，應該要有一檔債券指數型基金、一檔本國股市指數型基金，以及一檔國際股市指數型基金，就統計上而言，這種配置模式能夠為你帶來較高的投資成功機率。

投資組合中，債券占多少？

一直以來，應該持有多少比例的股票與債券，始終是個熱烈爭辯的話題。

我認為最大的原則是：債券配置比例應該和你的年齡相當。有些專家建議債券配置比例應該是投資者的年齡減十，或是如果你希望持有風險較高的投資組合，那麼這個比例可以是年齡減二十。舉例來說，就年屆五十歲的人而言，投資組合中的債券配置比例應該介於三〇％至五〇％之間。

在這裡，我們應該運用一下常識。如果你是五十歲的公務員，由於退休後一定可以領到退休金，因此債券配置比例可以低於五〇％。這樣的人可以承受較大的風險，也就是有機會獲得較高的報酬率。就短期來看，股票報酬率不一定優於債券，但時間拉長後，股票則優於債券。換句話說，當股市下跌時，債券可以成為你的祕密武器。

以平衡投資組合擊垮專家

如果打算每個月投入兩百美元在投資組合中，可以將其中六十美元（即三〇％）投資在一檔債券指數型基金上，並將其餘的一百四十美元（即七〇％）投資於股市指數型基金。

股票市場可能在任何一年出現大幅波動，漲跌幅度達三〇％以上。當股票與債券的配置比例偏離原本設定的水準時，冷靜且聰明的投資人會重新調整投資組合，使其維持平衡。

舉例來說，一位三十歲的人將三〇％的資金配置在債券，七〇％配置在股票上，同時希望維持這樣的配置比例。

如果某個月股票市場大跌，他會發現在投資組合中，股票配置比例低於目標配置比例（七〇％）。這時候，他應該在他的股市指數型基金上做更多投資。

假設另一個月股市大漲，他可能會發現股票配置比例超過總投資組合的七〇％。這

圖5-2：我在37歲時的投資組合

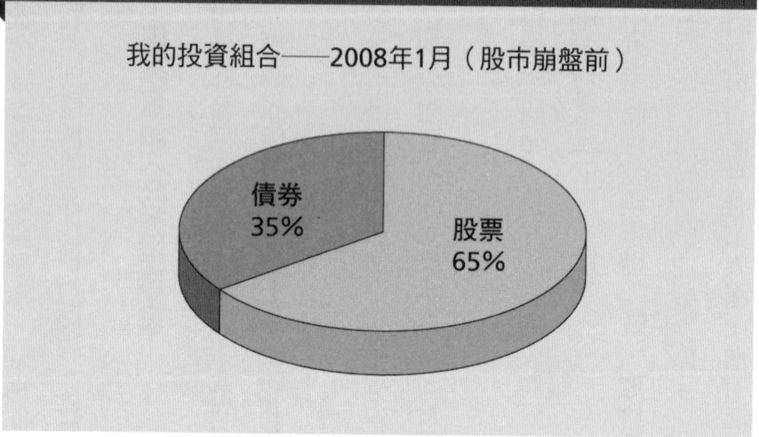

時候，他應該增加對債券指數型基金的投資。

股市崩盤，錢照賺

當股市下跌時，大多數的人都會感到恐慌，導致股價跌得更深。但是，冷靜的投資人卻能夠利用這個時機，為未來的獲利鋪路。金融危機之後，相較於股市崩盤之前，我的投資組合價值大增，關鍵在於**嚴格遵守預設的股票與債券的配置水準**。二〇〇八年股市崩盤之前，我的債券配置比例大約是投資組合的三五%（請見圖5-2）。

接著，股市開始下跌，這使得我的債券配置比例失去平衡。由於我每個月都會投入

圖5-3：我在38歲時的投資組合

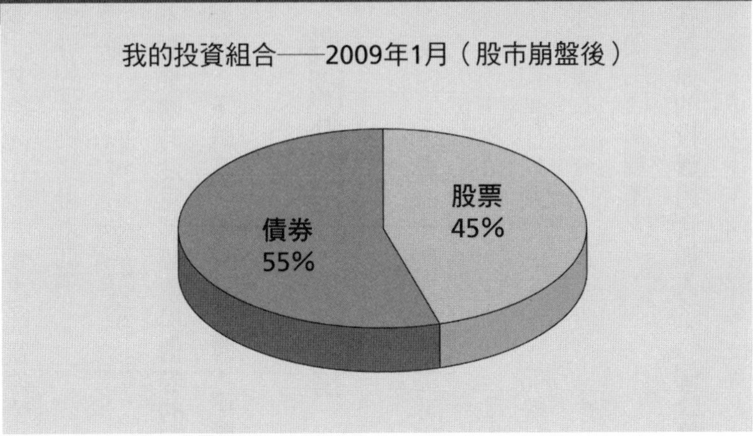

資金，因此當股市下跌時，我只買股票與股市指數型基金，希望藉此貼近我預設的配置水準，但是不管我投資多少錢在我的股市指數型基金上，在二〇〇八年底與二〇〇九年初，股市仍舊跌跌不休。

圖5-3顯示，二〇〇九年前幾個月時投資組合的狀況。

雖然我每個月持續投資股市，但仍舊無法使股票配置比例回到六五%。結果，在二〇〇九年初時，我必須賣掉部分的債券，轉買股票，才能夠將投資組合調到預設的配置水準。

當時的我自然希望股市可以維持低檔，但事與願違。股市在年後開始復甦，我又再度調整策略，在接下來一年多的時間裡只購買債券。其原因在於，我之前賣掉債券，轉而投資股票，加上我持有的股票不斷升值，所以債券的比例變得太低了。

這種不斷取得平衡的操作模式，在大學捐贈基金與退休基金中非常普遍。**一般來說，不需要隨時注意其股票與債券的配置比例，通常一年調整一次即可。但是，當股市陷入瘋狂，下跌二〇%或以上時，便應該善用這樣的機會。**

來一段國外關係，更穩當

如果你是美國人，應該將相當部分的錢投在美國股市指數上；如果是加拿大人，則應該有一定比例的投資放在加拿大股市指數。同樣的邏輯也適用於澳洲人、英國人、新加坡人，或是任何國籍的人士，前提是該國已有完善的股票市場。在任何人的投資組合中，都應該有投資自己國家股市指數的部分。畢竟，用什麼貨幣支付帳單，就應該持有相當比例的該種貨幣。

在為你的投資組合加入了一個公債指數之後，你可以就此打住。

不過，包括我在內的許多投資人，都希望在投資組合中加進國際元素。美國股市只

圖5-4：投資組合百分比

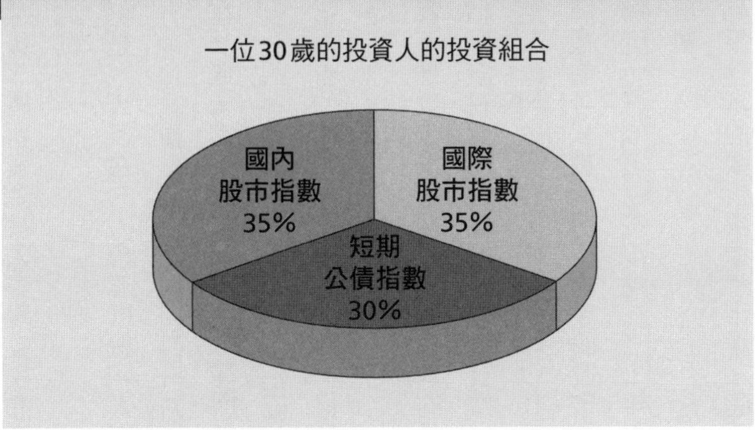

占全球股市的四五%。全球許多地方，例如加拿大、澳洲、英國、法國、日本、中國大陸都有股票市場，參與這五五%的股市活動是有益的，而投資國際股市指數可以達到此一目的。

關於股票投資該配置多少比例在國際股市上，有許多不同的論點。最簡單的做法是，將投資在股市上的金額均分於國內股市指數與國際股市指數。

舉例來說，一個三十歲（還不到領退休金的年齡）投資人的投資組合，應該如圖5-4所示。

如果你每個月都會投入一筆新資金，那麼必須按月檢視你所投資的國內股市指數與國際股市指數，確認何者在上一個月表現較佳。然後，將新資金投入表現較差的股市指數上。如此一來，投資組合才能貼近預期的配置比例。

但是，大多數的人會怎麼做？大家會多買表現好的指數，而少買表現差的指數。打個比方，這就像是簽一張掏空自己荷包的長期合約，每天將口袋裡的錢丟進馬桶中沖掉。在一個人的投資生涯中，這樣的行為將會付出昂貴的代價。

就我的經驗而言，美國股市指數和國際股市指數的表現相當接近。從一九七〇年起，這兩者的複利相差不到一%。但是，在這段期間，其中一個的表現會落後另一個，這就是可以善用的機會點。

我不是要大家追個股或是個別的外國市場。舉例來說，當X公司股票下跌，並非意味著你應該在此時大量投注資金買進，而且認為由於股價滑落，因此這是個好的投資。誰知道X公司今後會怎樣？該公司有可能像煙霧一樣煙消雲散。

同樣的，只投資單一國家的股市指數，例如智利、巴西或中國大陸，也有較大的風險。畢竟，誰知道這些市場在三十年後會如何？它們的表現也許真的不錯，但最好還是分散風險。

如果你真的要投資國外市場，建議你選擇整體國際股市指數，不僅可以觸及較成熟的經濟體，例如英國、法國及德國，也可以觸及較年輕的、成長較快的經濟體，例如中國大陸、印度、巴西及泰國。不過，請記得要適時重新調整比例，以取得平衡。當國際股市指數狂飆時，不要投入新資金追逐漲勢。當國內股市指數與國際股市指數同步勁升時，就將新資金投入債券市場。

如果你覺得聽起來太複雜，史考特·伯恩斯（Scott Burns）有個廣受歡迎、更簡單的策略。

懶骨頭，投資獲利多

伯恩斯之前是《達拉斯晨報》（*The Dallas Morning News*）的專欄作家，目前任職於資產創建（AssetBuilder）這家美國投資公司，該公司的主要業務是以指數投資策略來管理資金。伯恩斯知道購買共同基金並不合理，因此他推行一種簡單的策略，名為「懶骨頭投資組合」（Couch Potato Portfolio）。

懶骨頭投資組合是由兩個比重平均的部分所組成：美國整體股市指數與整體債市指數。換言之，如果每個月投資兩百美元，那麼應該將一百美元投入股市指數，一百美元投入債市指數。如果你平時懶得注意，那麼你每年只需要打開一次投資對帳單即可。

滿一年後，你可以檢查一下投資帳戶，確認是債券還是股票的金額比較高。如果在債券指數上比較多，就變賣掉一部分，並用這些錢來投資股市指數，使兩者比重相同。如果在股市指數上的錢比較多，那麼同樣賣掉一部分，然後投資債券指數。

這種做法可以讓你免於陷入投資市場的「高低起伏」，每年有一次可以買在低點、賣在高點。

由於債券占了五〇%，因此這是個相當保守的投資組合。如果股市在某年跌了五〇%，你帳戶的跌幅會小於五〇%，而且在十二個月後，還有機會予以攤平，因為你可以從用賣掉債券的錢來投資跌價後的股市指數。

雖然這種策略非常保守，但在一九八六年至二〇〇一年間，採取這種策略可以創造一〇·九六%的年報酬率。換言之，原本投入的一千美元在十五年後，可以變成四千七百五十八·七九美元。

不過，在一九八六年至二〇〇一年這段期間，一隻喝醉酒的猴子隨便朝股市看板擲飛鏢，然後買進射中的股票，也能夠賺到錢，因為當時全球股市大狂飆。

二〇〇一年之後的十年，是股市歷經大落、大起，又再大落的時期，懶骨頭投資策略的表現如何？由於大比例的債券配置，它讓投資人在股市大跌時睡得比較安穩。

二〇〇二年間，美國股市大跌，平均而言，美國股票型共同基金的價值跌了二二·八%。換言之，原本投資的一萬美元跌到只剩七千七百二十三美元。但是，在股市慘跌的這一年，採取懶骨頭投資策略的人只損失了六·九%。原本投入的一萬美元變成九千三百一十美元。

接著，自二〇〇三年初至二〇〇八年初，美國股市與國際股市指數都大幅上揚，分別漲了九一%與一八六%。在這五年間，如果你曾經將錢投入股市，那麼投資組合的價值可能呈現倍數成長（不管由誰管理）。但接下來，讓我們看一下當代金融史上最醜惡的二〇〇八年。

在金融危機的席捲下，全球股市受到重創。當然，長期投資人應該會感到開心，因為正好可以利用股價下跌的機會。在這段期間裡，一般的美國共同基金與懶骨頭投資策略分別有什麼表現？

如果你認為平均來說，專業人士應該有比較好的表現，你將大失所望。從下頁表5-1可以看出，在二〇〇八年，股票型基金的平均跌幅為二九·一%，而懶骨頭投資組合的跌幅則為二〇·四%。那麼，主動式管理平衡型基金（又稱為「平衡型基金」）的表現

表5-1：2008年的懶骨頭投資組合表現 vs. 美國主動型基金平均表現

美國主動型基金平均表現	–29.1%	10,000美元跌到剩7,090美元
懶骨頭投資組合表現	–20.4%	10,000美元跌到剩7,960美元

又是如何？平衡型基金的投資成分和一般股市基金不同。平衡型基金通常由六〇%的股票與四〇%的債券所組成，當股票在二〇〇八年大幅下挫時，平衡型基金應該可以因投資債券而降低傷害，但事實並非如此。當年，平衡型基金的平均跌幅高達二八%。

為什麼平衡型基金擁有四〇%至五〇%的債券投資比例，還虧損這麼多？唯一的解釋是基金經理人感到害怕，當股市下跌時，便把股票賣掉了。

如同前文提到的，沒有人能夠預測股市的短期變動。但是，這卻是大部分的美國平衡型基金經理人想要做的事，結果給投資人帶來昂貴的後果，因為他們在股價低檔時賣掉股票。與其讓基金經理人亂搞你的錢，嚴格採取懶骨頭投資策略似乎獲利比較高。

採用懶骨頭投資策略還有一個好處，即便股市在二〇〇八年至二〇〇九年間崩盤，但在二〇〇六年至二〇一一年間，持續採取這個策略仍然可以讓投資人賺錢。在這五年間，當許多平衡型基金虧錢時，採用懶骨頭投資策略的人起初投入的一萬美元，在不需要增加投資金額的情況下，投資價值仍然可以成長為一萬兩千五百二十一．五六美元以上。換算起來，整體報酬率為二五．二%。

身為投資人，我喜歡二〇〇八年與二〇〇九年間的股市下跌，但是身為投資顧問，這段時間卻令人感到沮喪。在金融危機期間，許多人帶著他們的投資組合來請教我，其投資價值都縮水了四〇%以上。

檢視這些人的投資內容，我發現一些令人震驚的事：他們的投資顧問顯然不太重視債券。這些人的年紀多半都比我大，因此他們持有的債券比例應該和我相同或是比我高，但沒有一個人是如此，甚至有些人完全沒持有債券。當股市下跌，他們的投資價值跌得比我多，而且完全無法趁機買便宜股票，因為手中沒有債券可以賣。

五、六十歲的投資人特別需要投資債券。幾乎每一本投資理財書都會介紹這個基本原則。但是，我看到許多投資帳戶全都把錢投在股市裡，沒有半點債券的保護。

我曾經教一位五十幾歲的朋友投資，我稱他為「牛仔投資人」，因為他一直都在海外的私立學校工作，所以領不到退休金。他說沒膽子的人才投資債券，因此從來不買。

他總是在股市中買高賣低，成為一個「永遠無法離開牧場的牛仔」。

股票債券在一起，雞蛋不放同一籃

即便在股市上漲期間，持有債券的投資組合，也並非大部分的牛仔投資人所想的那樣，是掃興的東西。理財作家丹尼爾·索林（Daniel Solin）指出，從一九七三年至二〇〇四年間，投資人若是將六〇%的資金配置於一個美國股市指數，另外四〇%配置於一個債市指數，平均年報酬率為一〇·四九%。

如果投資人願意承受較高的風險，將全部資金投入股市指數，則年平均報酬率為一一·一九%。

相較之下，牛仔投資人樂於承受更高的風險，這是為了什麼？為了每年可以多〇·七%的報酬率嗎？從表5-2可以看出，在三十一年間，他們在最壞的一年裡，會發現投資帳戶跌了二〇·一五%。相反的，持有四〇%債券與六〇%股票的投資帳戶，即便在狀況最糟的一年間，跌幅也不會超過九·一五%。

如果多〇·七%的報酬率，值得你背那麼大的風險，那麼就去做吧。不過，當股價

表5-2：股票與債券持有比例（1973年–2004年）

100%股票	60%股票＋40%債券
年報酬率11.19%	年報酬率10.49%
最壞的一年：–20.15%	最壞的一年：–9.15%

「打折促銷」時，你就不能撿便宜，也無法重新平衡你的投資帳戶。

債券可以救牛仔型投資人

「定期調整並取得股票與債券的平衡」這個基本原則，並非只適用於美國。不管你在哪個地區投資，都一體適用。

加拿大第一大理財刊物《財識》雜誌創始總編輯麥古根，曾寫過一篇為加拿大人介紹懶骨頭投資策略的文章，還因此贏得加拿大國家雜誌獎（Canadian National Magazine Award）。方法很簡單：將錢平均投資於一個美國股市指數、一個加拿大股市指數，以及一個債市指數即可。

投資人只須在每年的最後一天，重新將投資組合調回原來的配置比例。舉例來說，如果在某一年，美國股市指數比加拿大股市指數好，那麼可以賣掉一些美國股市指數，加購一些加拿大指數，重新取得配置平衡。

表5-3：加拿大懶骨頭投資策略 vs. 只投資加拿大股市指數（1975年–2010年）

年分	加拿大懶骨頭投資組合（單位：美元）	加拿大股市指數（單位：美元）
1975	$100	$100
1976	$118	$100
1981	$195	$257
1986	$475	$469
1991	$730	$615
1996	$1,430	$1,134
2001	$2,268	$1,525
2006	$3,163	$2,725
2010	$3,493	$3,157

資料來源：《財識》網站，1976年至2009年資料，以及「全球投資人網站」（Globeinvestor.com），2009年至2010年資料。

假使債券指數的表現勝過美國與加拿大的股市指數，則賣掉部分的債券指數，買進一些美國與加拿大的股市指數。當然，如果你每個月會投入一筆新資金，那麼只要買進表現最落後的項目，就可以每個月重新取得配置比例的平衡，讓三個項目平均各占三分之一。

表5-3顯示，一九七五年投入的一百美元，經過每年的重新調整，取得美國股市指數、加拿大股市指數與債券指數這三者間的平衡之

後，其投資價值的成長情況。

請注意，在一九七五年至二〇一〇年這段期間裡，這種股市指數與債券指數的結合可不只是「膽小鬼的玩意兒」。同時持有債券指數與股市指數的報酬率，確實優於只持有加拿大股市指數。持有安全的債券，將在投資過程中享受美好的回報。

建立一個有紀律的投資計畫，並定期調整以取得投資平衡，便可以避免對市場做無謂的猜測，去除因情緒而產生的干擾。我們通常是不理性的，大多數的人喜歡追高賣低，但聰明的投資者不會做出這種不理性的行為。

和許多人的想法相反的是，只要善用債券指數，長期來看，有可能打敗百分之百的股市指數，同時也能經歷較小的波動，並獲得更好的報酬。

第六堂課

在你居住的國家做指數化投資

事實上，指數型基金已經航向美國以外的土地，尋找快樂的家園。我將舉例說明，無論身在美國、加拿大、新加坡或是澳洲，都可以建立一個指數化投資的帳戶。

你可以參考第三章和本章的內容，在你居住的國家開立一個帳戶，便能建立自己的指數化投資組合。（編按：在臺灣，目前以台股指數為標的的整體股市指數型基金，只有「元大台灣加權股價指數基金」。以台股指數為標的的ETF，有「元大台灣卓越五〇基金」、「富邦台灣摩根指數股票型基金」等。若要購買國外的股市指數型基金、債券指數型基金，可以透過國內的銀行、信託等金融業者，或是透過國外的金融業者，開設海外券商帳戶。）

以下人物均非虛構，請看他們的真實故事。

三胞胎父親打敗專業投顧

當克里斯・歐森（Kris Olson）的妻子艾瑞卡（Erica），在二〇〇六年生下三胞胎後，家中突然間多了三個嗷嗷待哺的成員。夫婦必須買一輛休旅車，並張羅三個小孩的大學教育費。

我並非要人們在悠揚的小提琴音樂聲中，為收入不錯的小兒內科醫師克里斯舉辦慈善募款。但是，如果你認為自己也背負財務重擔，克里斯的指數化投資帳戶應該能為你提供一些方向。

這位四十歲的醫師意識到，他從事的工作在許多方面上和理財投資很類似。克里斯偶爾會飛到印尼蘇門達臘受海嘯影響的貧窮地區訓練助產士，在此之前，他曾遠赴泰緬邊界、非洲蘇丹共和國西部的達佛、柬埔寨、肯亞及衣索比亞等地，從事義工服務。

他知道捐贈給發展中國家的物資最好是親自送達，因此他通常會和身為護士的妻子艾瑞卡將醫療物資帶到這些國家。這些物資如果是用寄的，通常在送達前就會在途中被人掠奪。

二〇〇四年，克里斯意識到他在美國的投資也發生類似的狀況。多年來，他一直透過主動型基金來進行投資。他說：「我的理財顧問是個很好的人，但我發現他一直掠奪我的錢，好像那些在第三世界國家邊界活動的傢伙。我的錢一點一滴沖到馬桶裡，經年累月下來就成了一大筆錢。」

在一次前往印尼的旅途中，克里斯中途停留新加坡，在當地購買心肺復甦術的教材，打算帶給印尼亞齊省的助產士。我在一家日本餐廳和他共進午餐，在享用壽司時，他問我應該為投資帳戶購買哪些指數。

在美國，最大的指數型商品提供者是先鋒集團。如果登入它的網站，一開始可能會被一大串的指數型商品搞得頭昏眼花。我建議三十五歲的克里斯，應該盡量簡化投資組合：針對美國，應該投資涵蓋範圍最廣的股市指數；針對全球，也投資涵蓋面最廣的國際股市指數；另外，再買一檔整體債券指數型基金，而所占的比例則和他的年齡相當。以下是我建議的投資組合：

- 先鋒美國債券指數（代號：VBMFX）占三五％。
- 先鋒美國總體股市指數（代號：VTSMX）占三五％。
- 先鋒國際總體股市指數（代號：VGTSX）占三〇％。

我之所以如此建議，理由在於買賣時，先鋒集團不會收取佣金。克里斯的投資可以分散在整個美國股市與國際股市，而且他可以持有一個債券配置比例，如此一來，他可以每年新調整自己的投資。

我告訴克里斯：「不要聽信華爾街，不要讀金融報紙也不要看股市新聞。如果你每年只調整一次投資組合，幾年下來，必能打敗九〇%的投資專家。」

他回到美國之後，便將原本的主動型基金投資報表放在餐桌上，登入先鋒集團網站，並打電話給該公司。一位先鋒集團職員接聽電話，和克里斯一起討論網站內容，並帶領他完成開戶。這名職員幫他把資產從原本的基金公司轉到先鋒集團，並將資金分到三個指數型基金。這位職員取得克里斯的銀行帳戶資訊之後，根據他的配置比例需求，設定讓存款自動轉入指數型基金。

在每年的最後一天，克里斯會看一下投資狀況。他說：「這不用花太多時間，只需要在每年年底重新調整投資組合，讓它回到原本的配置比例（如下頁圖6-1所示），我會**賣掉一些贏家、購買一點輸家**，以重新調整帳戶的平衡。」運用晨星網站（www.morningstar.com）的基金追蹤功能，我可以確知克利斯的投資報酬率。

二〇〇七年一月：

克里斯注意到，經過這一年，他的投資組合獲利率為一五．四%，大部分的獲利來自於國際股市指數與美國股市指數。所以，他打電話給先鋒集團、登入他的網路帳戶，職員就帶著他賣掉一些股市指數，並買進一些債券指數，讓克里斯回到預設的配置水

圖6-1：克里斯的帳戶配置圖

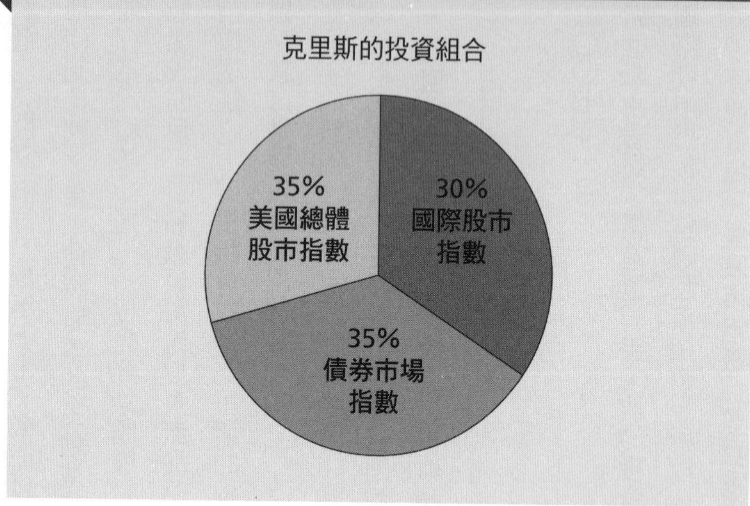

準。然後，克里斯做好準備，決定在未來一年裡繼續判華爾街出局。

二〇〇八年一月：

從二〇〇七年至二〇〇八年，全球股市持續攀升。這時候，克里斯的獲利大幅增長，相較於二〇〇六年期初的投資價值，成長了二五．八六％，二〇〇七年則成長了九％。他忍住衝動，沒有買進更多讓他賺錢的股市指數型基金，反而賣掉一部分的美國股市指數與國際股市指數（當作獲利了結），並且用這些錢買進更多的債券指數。對於克里斯而言，這**不須做出任何判斷，只要將投資組合調回原本的配置水準即可**。

二〇〇九年一月：

當克里斯在二〇〇九年初，檢視投資報表時，發現投資組合的價值大幅滑落，因為股市經歷自經濟大恐慌以來，最大的一次暴跌，足足掉了二四・五%。然而，克里斯只做一件事：重新調整投資組合，賣掉部分的債券指數，並買進下跌的美國與國際股市指數（逢低買進），將投資組合調回原本的配置水準，以重新取得平衡。

二〇一〇年一月：

克里斯知道去年的股市受到重創，每個人都在談論這件事。不過，由於他賣掉部分債券轉買股票，因此成為股價下跌的受益者。二〇一〇年一月，拜股市回溫之賜，他的投資價值增加了二三%。克里斯再花十分鐘重新調整帳戶，賣掉部分股票指數，並買入一點債券指數，使他的帳戶又回到原本的配置水準。

二〇一一年一月：

克里斯的投資在過去一年裡賺了一一・六%。從二〇〇六年一月起算，到二〇一一年一月為止，雖然經歷多年來最嚴重的一次股災，他的投資仍增加了三〇・七%的獲利。克里斯重新進行調整，賣掉部分股票指數並買進更多的債券指數。他考量到自己今年已經四十歲了，應該增加債券配置比例以符合所需。

醫師也能擊敗投資專家

對於克里斯而言，自二〇〇六年一月至二〇一一年一月，他的投資有三〇・七%的獲利，是很不錯的表現。但是，假設他將這筆錢交給「掌握股市脈動」的專業基金經理人管理，結果又是如何？

一個每年只花十分鐘檢視投資狀況的醫師，在聽到要向投資專家挑戰時，應該會感到頭皮發麻。但重點來了，如果主動型基金完全不收管理費，那麼克里斯以一個完全持有指數型商品的投資組合，要打敗專業人士的機率應該略低於五成。畢竟，他仍須付少許費用才能持有這些債券與股票指數，然而大約只有五〇%的股票型基金在扣除費用前，能打敗指數。不過，在加計管理費和稅金之後，醫師的贏面就大多了。

由於克里斯的投資帳戶在股票與債券指數間取得平衡，因此如圖6-2所示，我們可以檢視他的績效，並和三檔知名的美國平衡型基金績效做比較，這三檔基金分別是富達平

圖6-2：指數化投資組合打敗平衡型基金
（2006年–2011年）

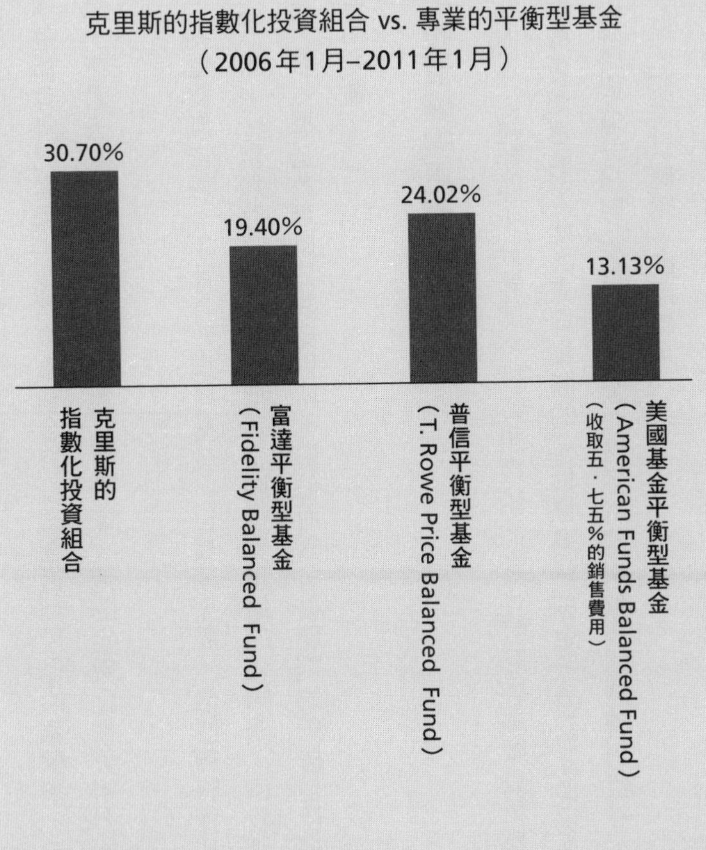

資料來源：晨星公司。

衡型基金、普信平衡型基金，以及美國基金平衡型基金。

這三檔基金都有研究團隊，他們調整基金持股試圖得到最佳的報酬率，但這些全都是成本。因此，在過去五年間，克里斯輕鬆打敗專家，他的指數化投資組合的績效比這三檔基金多了一一・三％、六・六八％及一七・五七％。

事實上，克里斯無法每一年都打敗這些基金。但長期來看，他能夠將獲利差距越拉越遠。在過去五年中，當然有美國的平衡型基金勝過克里斯的報酬率，但我們無法知道未來的五年裡，哪一檔基金可以打敗克里斯。對他而言，最聰明的選擇是持續調整及維持其投資組合的平衡。

先鋒集團讓投資變得更簡單

如果對你而言，每年花十分鐘調整投資組合仍然太花時間，那麼只要是居住在美國，便可以選擇更簡單的方法。先鋒集團的「目標退休基金」（Target Retirement Funds）提供股票與債券指數組合。該基金會慢慢將越來越多的錢轉到債券，讓你完全不須動一根手指，便可以輕鬆平衡帳戶。

這些基金是根據投資人預設的退休日期來命名，你可以完全不用理會這些名稱。舉

表6-1：個別基金的周轉率

基金名稱	課稅周轉率（越低越好）
先鋒目標退休2015基金	19%
富達平衡型基金	122%
美國基金平衡型基金	46%
普信平衡型基金	41%

資料來源：晨星公司。

例來說，克里斯可以選擇「目標退休二〇一五基金」（Target Retirement 2015 Fund），在這檔基金中，四〇%的投資配置在債券上，而他今年正好是四十歲。即使不是真的打算在二〇一五年退休，也可以選擇這檔基金，因為其債券配置比例和年齡相符。

從二〇〇六年一月至二〇一一年一月，先鋒集團的目標退休二〇一五基金的獲利為二四．一四%，同樣優於圖6-2中的富達平衡型基金、普信平衡型基金及美國基金平衡型基金。

更重要的是，如果透過課稅帳戶持有基金，那麼目標退休基金則比大多數的平衡型基金更具效率。從表6-1中，你可以看見我們拿來和克里斯的投資組合相比的三檔基金的個別周轉率，周轉率越低，稅務效率就越高。

表6-2：先鋒集團目標退休金基金的周轉率

基金名稱	債券配置比率	周轉率
目標退休2005基金	64.5%	21%
目標退休2010基金	50.6%	19%
目標退休2015基金	40.3%	19%
目標退休2020基金	33%	14%
目標退休2025基金	25.4%	11%
目標退休2030基金	18.2%	13%
目標退休2035基金	10.7%	9%
目標退休2040基金	10.3%	9%

資料來源：晨星公司。

在表6-2中，我們列出了先鋒集團各檔目標退休基金的債券配置比例與周轉率。請記住，不用太拘泥於基金名稱中的目標退休年分。如果你今年五十歲，沒有退休金可領，那麼聰明的做法應該是，選擇一個債券配置比例大約為五〇%的投資組合（或一檔基金）。不過，如果你能領到一筆豐厚的退休金，應該就有能力承受較大的風險，那麼，你可以選擇債券配置比例較低的目標退休基金。

對於投資人而言，美國是全世界最容易建立指數化投資帳戶的國家。不過，許多其他的地方也已經有越來越多的選擇。

在加拿大，要特別注意基金買賣成本

凱斯．偉克林（Keith Wakelin）與家人原本住在紐西蘭的羅托路亞（Rotorua），那是個位於古老火山口的美麗小鎮。凱斯在十幾歲時，舉家遷移到加拿大的英屬哥倫比亞省。

凱斯是個熱衷長跑的人，他認為自己很有毅力，持續長跑運動將近四十年。二〇〇〇年，凱斯四十二歲時，贏得「溫哥華超越體能五十公里高山路跑賽」。五十二歲時，他仍是個可敬的對手。

凱斯很快就發現，投資與長跑有許多共通點。如果想要在長跑中提高速度，便不能帶過重的東西。同樣的，若是希望加快累積財富的速度，就不能背負過重的財務成本。

凱斯希望能將投資分散到所有的市場，因此購買了一檔國際股市指數、一檔加拿大股市指數、一檔美國股市指數，以及一檔加拿大債市指數。

他的投資策略很簡單，完全遵照《財識》雜誌的懶骨頭投資策略，將資金分配在下

表6-3：懶骨頭投資組合

指數	配置比例	代號
國際股市指數	20%	XIN
加拿大股市指數	20%	XIC
美國股市指數	20%	XSP
加拿大債券市場指數	40%	XBB

資料來源：晨星公司。

頁表6-3所示的幾個投資項目上。

在每年的年底，凱斯會檢視投資帳戶。由於每個指數的表現略有不同，因此他每年會花幾分鐘重新平衡帳戶，使它回到原本的配置比例。

每一年，凱斯賣掉一些表現最好的贏家，購買一些輸家。從二〇〇五年一月至二〇一一年一月，即使經歷二〇〇八年至二〇〇九年的全球股市崩盤，凱斯的總報酬率以加拿大幣（簡稱「加幣」）計算，高達二八．五%。

懶骨頭投資組合，依舊表現亮眼

加拿大一共有五家主要的銀行，均有相當大的主動型基金市占率，分別是：

①多倫多道明銀行（TD Bank, Toronto

Dominion Bank）。

②蒙特利爾銀行（BMO，Bank of Montreal，又稱為「滿地可銀行」）。

③加拿大帝國商業銀行（CIBC，Canadian Imperial Bank of Commercial）。

④豐業銀行（ScotiaBank）。

⑤加拿大皇家銀行（RBC，Royal Bank of Canada）。

和凱斯的投資組合最接近的主動型基金，是由股票與債券組成的「平衡型基金」，而這五家銀行都有各自的平衡型旗艦基金。

相較於這些基金，凱斯的投資表現如何？

如下頁圖6-3所示，只有蒙特利爾銀行的「蒙特利爾NB平衡型基金」的表現優於凱斯。六年間，凱斯不費吹灰之力，便打敗四檔加拿大最負盛名的平衡型基金。

未來當然會有平衡型基金能夠勝過凱斯，但我們無從得知是哪幾檔。例如，即使目前成績最佳的蒙特利爾銀行平衡型基金，明年的表現也可能一落千丈，這種現象屢見不鮮。但可以確定的是：拜費用低廉之賜，凱斯的投資組合至少能夠勝過九〇%的平衡型基金。同時，如果資金是放在課稅帳戶中，更將擴大領先主動型基金的獲利幅度。

圖6-3：凱斯的投資帳戶 vs. 加拿大五家主要銀行的平衡型基金

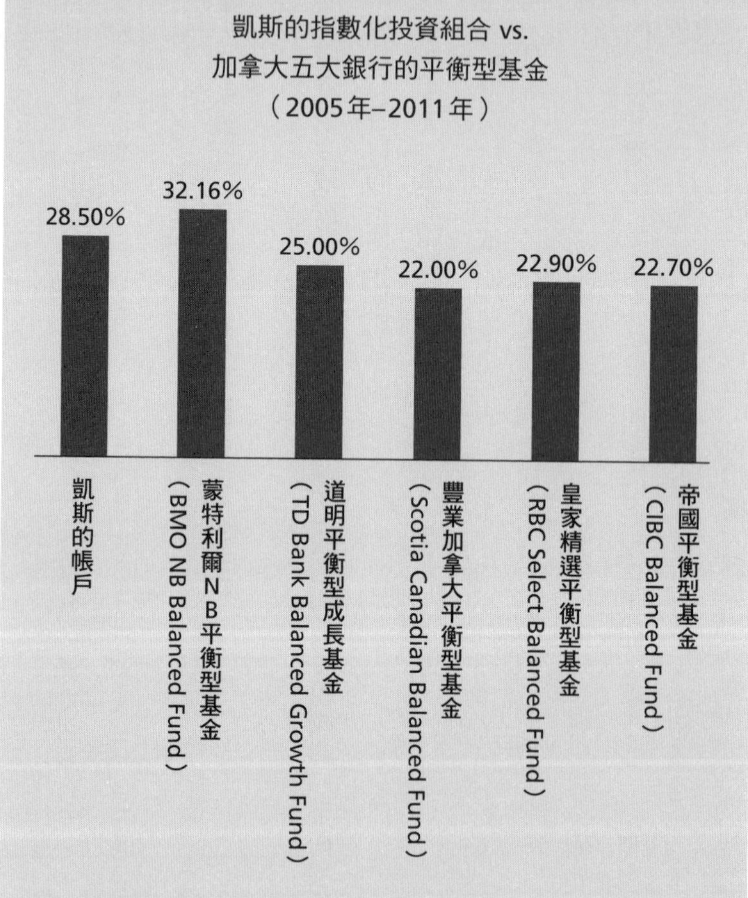

資料來源：全球投資人網站（Globeinvestor.com），「基金績效」（Fund Performances）。

如何像凱斯一樣投資？

如果希望能像凱斯一樣，你有兩個低成本的選擇：

①購買成本低廉的「道明銀行指數型基金」（Toronto Dominion Bank Index Funds），也稱為「e系列基金」（e-Series Funds）。截至二〇一〇年為止，這一系列的基金是加拿大最便宜的一般指數型基金。

②你也可以開立一個優惠經濟帳戶，購買指數股票型基金（即ETF，Exchange Traded Index Funds）。

目前，多倫多道明銀行擁有加拿大最具價格競爭力的指數型基金。但是，如果你走進一家銀行，想要購買這些基金，將會發生以下兩種情況：

①行員會試著說服你購買其他的主動型基金。

②行員可能遊說你購買其他成本較高的指數型基金，其收費約是以下我所推薦基金

的兩倍。

如此一來，你只能透過網站來購買道明銀行的e系列基金，網址是：www.tdcanadatrust.com/mutualfunds/tdeseriesfunds/index.jsp。

購買e系列，投資獲利不費力

表6-4列出道明銀行e系列指數型基金的個別費率，年平均成本只有〇・四%，相較於其他動輒超過二・五%的主動型基金，費用相對低廉。根據調查，**加拿大的基金投資成本比其他國家高**，因此最好避免被業者剝這層皮。如果想要採取懶骨頭投資策略，可以從表6-4中查看e系列基金的個別代號和年費率。

你必須存入一百加幣（約為新臺幣兩千九百五十元）才能夠開立帳戶。如果想要從銀行帳戶每個月自動扣繳固定金額，來購買每一檔指數，那麼依照網路上的指示來操作即可。

對於尋求低成本和高便利性的投資人而言，這些基金是很好的選擇。同時，也可以將收益再投入購買指數，不需要支付任何費用。

表6-4：道明銀行e系列基金費用一覽表

道明銀行 e系列指數	代號	年費率
國際股市指數	TDB905	0.50%
加拿大股市指數	TDB900	0.31%
美國股市指數	TDB902	0.33%
加拿大債券市場指數	TDB909	0.48%

資料來源：晨星公司。

請記住，最高指導原則是維持配置比例的一致性。選定每一種指數的比例，並且每年調整以取得平衡。

懶骨頭投資策略必須配合投資者的年齡，決定債券的配置比例，下頁表6-5是我建議的比例，大家可以根據自己的年齡來做選擇。

加拿大人的ETF投資法

當年凱斯開設第一個指數化投資帳戶時，多倫多道明銀行還沒有推出e系列指數型基金。因此，他建立了一個ETF投資組合，也就是透過證券經紀商購買指數股票型基金。

如果投資交易次數不太頻繁，或是帳戶餘額夠大的話，投資ETF還滿划算。以十萬加幣的帳戶來看，像凱斯這樣投資ETF的成

表6-5：根據年齡的投資組合配置比例

年齡	加拿大 債券市場指數	加拿大 股市指數	美國 股市指數	國際 股市指數
20	10–25%	25–30%	25–30%	25–30%
30	20–35%	20–25%	20–25%	20–25%
40	30–45%	15–20%	15–20%	15–20%
50	40–55%	10–15%	10–15%	10–15%
60	50–65%	10–15%	10–15%	10–15%

本每年為三百加幣，投資e系列基金的成本則為四百加幣。

但是，如果經常增加投資，省下來的一百加幣不一定值得。原因如下：假設你每個月都增加投資，每次購買ETF的線上交易費用為九・九九加幣。而且如果你的帳戶規模低於十萬加幣，費用將會更高。

每個月多支付九・九九加幣，一年下來就將近一百二十加幣。因此，如果帳戶規模很少超過十萬加幣，那麼最好購買e系列基金，因為不論買賣都不收取交易佣金。

表6-6所示，是每個月購買e系列指數型基金（收取較高的管理費，但不收交易佣金），以及購買ETF（管理費較低，但在購買時必須支付佣金）的比較。

當投資帳戶規模超過十二萬加幣時，購買ETF是比較有成本優勢的，如果帳戶規模小於十二萬加幣，且一年的購買基金超過十二次，那麼從年費上省下來的錢又會吐回去，反而變成e系列基金占優勢。

從表6-6中可以看出，一個規模為七十萬加幣的ETF帳戶，在扣除了每個月支付九．九九加幣的交易佣金之後，比起購買e系列基金省下了五百八十．一二加幣的成本。

要購買ETF，投資人必須先開立一個證券經紀帳戶。

無論你選擇購買e系列指數型基金，或透過經紀商購買ETF，你都

表6-6：ETF投資組合與e系列基金投資組合的總成本對照表

帳戶規模	ETF 管理年費 0.3%	e系列基金 管理年費 0.4%	一年購買 12次ETF 的成本	購買ETF 可省下之 總年度成本
$100,000	$300	$400	$119.88	–$19.88
$200,000	$600	$800	$119.88	$80.12
$300,000	$900	$1,200	$119.88	$180.12
$400.000	$1,200	$1,600	$119.88	$280.12
$500,000	$1,500	$2,000	$119.88	$380.12
$600,000	$1,800	$2,400	$119.88	$480.12
$700,000	$2,100	$2,800	$119.88	$580.12

可以和凱斯一樣，打敗大部分的投資專家。

在獅城買指數型基金，也要貨比三家

想要投資低成本指數的新加坡人，可能會在網路上透過谷歌（Google）尋找有哪些投資選擇。但是，如同在獅城的叢林裡藏著毒蛇一樣，在金融服務業裡也有蛇蹤出沒，伺機而動想要狠狠吞噬人們的投資獲利。

如果你在谷歌輸入「Singapore Index Funds」（新加坡指數型基金），將會出現一家每年收費接近一％的公司。這看來似乎並不高，行銷人員正希望你這麼認為。終你一生來看，加總起來，一％的指數型基金管理費可能就會花掉你好幾十萬元。

這家名為「基金超市」的新加坡指數型基金銷售業者，有個名為「無限投資系列」（Infinity Investment Series）的商品，不但收取〇．九七％的管理費，購買時還須支付二％的前端銷售費。

假設有一對新加坡姊妹決定投資美股指數。姊姊透過基金超市購買「標準普爾五百指數基金」，妹妹則透過先鋒集團購買「標準普爾五百ＥＴＦ」，後者成本低了很多，

表6-7：分別投資20,000新加坡幣的一對姊妹

	姊姊	妹妹
兩人都得到20,000新加坡幣（以下簡稱「新幣」），並將這筆錢拿來做為期35年的投資	投資一檔管理年費為0.97%的標準普爾500指數基金	透過星展唯高達證券公司購買一檔年費0.09%的先鋒標準普爾500ETF
假設未來30年的標準普爾500指數年報酬率為8%	扣除費用後，年獲利為7.03%	扣除費用後，年獲利為7.91%
35年後，兩人的投資價值各為多少？	其投資總值將為215,637.05新幣	其投資總值將為287,203.17新幣
假設報酬率相同，則40年後的投資總值為？	將為302,866.34新幣	將為420,240.29新幣
假設報酬率相同，則45年後的投資總值為？	將為425,381.54新幣	將為614,902.36新幣

只收取〇・〇九%的年費，她們都可以透過新加坡的星展唯高達證券公司（DBS Vickers Securities Ltd）購買。

在加計費用之前，因為跟隨同樣的股市指數，所以這兩檔基金的報酬率相同。乍看之下，投資人付出的成本很少（〇・九七%），但事實並非如此。

從上頁表6-7可以看出，只要時間一拉長，這筆費用便足以扼殺投資獲利。若在接下來的五年裡，標準普爾五百指數的年報酬率為五%，那麼每年支付〇・九七%管理費等於損失大約年獲利的二〇%。

一般人很難想像，經過四十五年後，這筆微不足道的費用將產生超過十八萬新幣的差異。成本至關重要，我們不想被管理年費所愚弄。

新加坡居民的擁抱指數之旅

林慎淑（Seng Su Lin）與高登・瑟（Gordon Cyr）相識於二〇〇一年，當時兩人都擔任特殊奧運的志工。高登在新加坡的美國學校教書，而慎淑則在新加坡理工大學教授技術文件寫作，同時忙於在新加坡國立大學攻讀心理語言學博士學位。二〇〇八年，他們步入結婚禮堂。

原本居住在加拿大的高登，沮喪的看著自己的投資資料，說出他的想法：

我原本在肯亞教書，學校要我們從兩家公司中選其中一家來投資。我選擇蘇黎世國際人壽（Zurich International Life Limited）的海外投資公司，該公司的總部位於曼恩島（Isle of Man），業務是投資主動型基金，然而我開始覺得自己被騙了。

在開立帳戶之前，我問過業務代表是否能自己控制要投資多少，他說可以。但是，過了一段時間，我想要停止投資，而該公司提供的報表卻讓我一頭霧水。我看不到這段期間我總共投資了多少錢，也看不出帳戶是否增值。

這讓高登覺得不太舒服，他以為停止每個月繳款應該很容易。但是，業務代表卻說高登已經簽署一份每個月繳固定金額的契約，必須遵守。倍感沮喪的高登抽回資金，並為此付出高額罰款。

高登希望能自己掌控資金，因此透過新加坡的星展唯高達證券公司開設一個帳戶，建立一個穩健、分散的ＥＴＦ投資組合，其組成成分和凱斯（前文中的加拿大人）的投資組合類似，也是採取懶骨頭投資策略。而兩者的主要差異在於，高登不知道將來他和妻子慎淑會在哪裡退休。

慎淑的家人住在新加坡，高登的家人住在加拿大，另外夫妻兩人在夏威夷擁有一塊土地。因此，高登認為最謹慎的做法是將資產分散在新加坡、加拿大及全球的股市與債市。以下是他們兩人的ETF投資組合：

- 二〇%投資於新加坡債券指數（代號：A35）。
- 二〇%投資於新加坡股市指數（代號：ES3）。
- 二〇%投資於加拿大短期債券指數（代號：XSB）。
- 二〇%投資於加拿大股市指數（代號：XIC）。
- 二〇%投資於全球股市指數（代號：VT）。

最前面的兩個指數是在新加坡股票市場交易，接下來的兩個指數是在加拿大股票市場交易，而最後一個全球股市指數則是在紐約證券交易所交易。但是，全都可以透過新加坡的星展唯高達證券公司，在線上購買。

高登與慎淑每個月都會投資一筆錢，來調整帳戶的平衡。舉例來說，如果新加坡債券指數的表現比其他指數差，一個月後，其占總投資額的比例將低於二〇％（因為平均將資金分散在五個指數上，所以每個指數的配置比例均為二〇％），於是他們會將新的資金投入新加坡債券指數。

如果全球股市指數、新加坡股市指數及加拿大股市指數同步上揚，新加坡債券指數和加拿大短期債券指數的配置比例便少於四〇％，於是他們會把新的資金投入這兩個債券指數上。

這種做法可以確保兩件事：

①他們能重新平衡投資組合，以增加整體的安全性。

②他們能買進表現相對落後的指數，長期來看，將能帶來更高的報酬率。

更多新加坡人趕上風潮

永遠都要記住：金融服務業的目標是為他們自己賺錢，而不是為你。新加坡人不想錯過低成本投資的機會，正積極趕上這股風潮，並掌握它所帶來的好處。

理財投資部落客涂凱（Kay Tou）在網站Moneytalk.sg上，將新加坡海峽指數

ETF基金的績效表現，與可透過基金超市購買的幾檔新加坡股市「單位信託基金」（Unit Trust，即「主動型基金」）的績效表現，做一比較（時間從二〇〇四年五月六日至二〇〇九年五月六日）。在表6-8中，可以看見每檔基金的績效。

是否有些單位信託基金在某幾年裡，績效表現會勝過大盤？當然有，但你不知道哪幾檔基金將能領先群倫，而且沒有任何人能知道。

由於沒有人能夠正確的預測，哪些單位信託基金在未來會超越大盤，因此有經驗的投資人不會做這種賭注，而是會追隨淑慎與高登的腳步：用低成本的指數型基金來建立投資組合。

在澳洲投資，以美式武器打勝仗

尼拉夫．巴特（Neerav Bhatt）是澳洲人，今年二十八歲，他的謀生方式是十年前的人難以想像的。他是一位全職的部落客，幾乎一整天都坐在電腦螢幕前。尼拉夫說他閱讀的時間比寫作的時間多。他不斷的尋找靈感，吞噬著一篇篇網路文章以激發創意能量，這種做法通常能帶給他一些靈感，讓他可在自己的部落格上發表看法。

表6-8：新加坡股市單位信託基金表現vs.新加坡海峽時報指數表現（2004年5月6日至2009年5月6日）

至2009年5月6日	過去五年的年報酬率
UOB United Growth Fund（新加坡大華亞太增長基金）	2.16%
Schroder Singapore Trust CL A	2.21%
SGAM Singapore Dividend Growth	6.1%
Lion Global Singapore Trust	3.18%
HGIF Singapore Eq-A USD	–2.23%
DWS Singapore Equity Fund	6.36%
DBS Shenton Thrift	–0.03%
Abedeen Singapore Equity	5.42%
（上列所有基金的報酬率，包含將股利重新投入）	
新加坡海峽時報指數ETF（含股利）	7.66%

資料來源：基金超市公司、新加坡交易所、Streetracks公司。

透過大量閱讀，尼拉夫知道，指數型基金優於主動型基金（在澳洲，通常被稱為「單位信託基金」）。他說：「大部分的理財顧問只是銷售員，而且大家太相信他們了。」另外，他還表示，大部分的澳洲人只是隨便走進一家銀行購買投資商品，而這些通常會收取接近二%的年費。

在讀完一篇有關指數型基金的報導之後，尼拉夫透過閱讀普林斯頓大學教授墨基爾的《漫步華爾街》，做了進一步的研究。他發現，美國非營利投資公司先鋒集團在澳洲也設有據點。

尼拉夫說：「先鋒集團已經在澳洲好幾年了，不過沒有人談論過它。」其原因在於，大部分的人都是從理財顧問得到金融知識，而他們的生財之道就是銷售高成本的金融商品。對於那些人而言，先鋒集團有如芒刺在背，因為他們只想不斷剝削善良的投資人。

尼拉夫發現，澳洲人可以透過先鋒集團開戶，將原本的投資轉移到先鋒集團。先鋒集團提供了澳洲股市與國際股市的指數型基金。不過，透過澳洲先鋒且最具成本效益的投資方式之一，是購買「生命策略基金」（Life Strategy Fund）。這一檔基金由各種指數所組成，是完整的投資組合，而且費率結構會隨著帳戶價值的成長而降低。

如果投資人選擇透過澳洲先鋒集團，購買不同的指數型基金，並建立自己的投資組合，那麼最後可能會付出較高的費用。

其原因在於，費率結構是根據個別基金規模而非個別帳戶規模所決定的。投資人投資越多錢，費率就越低。因此，同樣都是投資二十萬澳幣，購買澳洲先鋒集團生命策略基金的費用，明顯少於透過先鋒集團、自行購買不同的指數型基金來建立投資組合的費用。從下頁表6-9可看出相關成本。

投資人可以根據自己的風險容忍度，選擇適合的基金。你如果想要選擇和自己年齡相近的債券配置比例，可以選擇以下的基金：

① 先鋒生命策略高成長基金：一〇%債券、九〇%股票。適合風險容忍度高的投資人，或是將滿二十與二十幾歲的投資人。

② 先鋒生命策略成長基金：三〇%債券、七〇%股票。適合三十幾與四十幾歲的投資人。

③ 先鋒生命策略平衡基金：五〇%債券、五〇%股票。較保守的年輕投資人或五十幾與六十幾歲的投資人，比較喜歡這檔基金的穩健。該基金仍然配置了五〇%在

表6-9：澳洲先鋒集團生命策略基金選項（單位：澳幣）

生命策略指數型基金	配置	根據帳戶規模所計算之費率
先鋒生命策略高成長基金（Life Strategy High Growth Fund）	10%債券指數與現金 90%澳洲股市與國際股市指數	第一筆5萬澳幣：0.9% 第二筆5萬澳幣：0.6% 帳戶餘額高於10萬澳幣：0.35%
先鋒生命策略成長基金（Life Strategy Growth Fund）	30%債券指數與現金 70%澳洲股市與國際股市指數	第一筆5萬澳幣：0.9% 第二筆5萬澳幣：0.6% 帳戶餘額高於10萬澳幣：0.35%
先鋒生命策略平衡基金（Life Strategy Balanced Fund）	50%債券指數與現金 50%澳洲股市與國際股市指數	第一筆5萬澳幣：0.9% 第二筆5萬澳幣：0.6% 帳戶餘額高於10萬澳幣：0.35%
先鋒生命策略保守基金（Life Strategy Conservative Fund）	70%債券指數與現金 30%澳洲股市與國際股市指數	第一筆5萬澳幣：0.9% 第二筆5萬澳幣：0.6% 帳戶餘額高於10萬澳幣：0.35%

資料來源：澳洲先鋒投資公司（Vanguard Investment Australia）。

股市指數上，因此仍有一定的成長性。

④ 先鋒生命策略保守基金：七〇%債券、三〇%股票。退休人士或極度保守的投資人，應該覺得這是一個適合的選擇。

風險態度，決定投資組合

可領取企業退休金或政府退休金的投資人，可能會覺得自己沒必要投資得太保守。舉例來說，一位可以領退休金的五十歲教師，比較傾向購買生命策略成長基金，而非生命策略保守基金。拉長時間來看，成長基金的報酬率應該比較高，但是波動也比較大。有穩健退休資金來源的投資人會選擇承受比較高的風險，賺取更高的報酬率。

當提到大部分澳洲人並未注意到先鋒集團時，尼拉夫也許是對的。但是，有一件事情可以確定：這與經濟規模有關。當越多澳洲人採用先鋒集團時，商品就變得越便宜。

每年只要花一小時

一旦學會如何建立指數化投資帳戶，你花在做投資決策與交易上的時間就會減少。

最後，可能每年只需要花一個小時在投資上。

沒有人知道未來五年、十年、二十年或三十年，股票與債券市場將有何表現。但可以肯定的是，若建立一個分散式指數型基金帳戶，將有九〇%的機率能打敗投資專家。

在成功投資之路上，只有一個風險，而且是個很諷刺的風險。如果你和金融機構的理財顧問交談，他們將盡全力說服你選擇高成本、低效益的商品。下一章，我將揭露他們讓投資者遠離指數型基金的花招。

第七堂課

揭開理財顧問的把戲

如果你已閱讀了有關指數化投資的內容，希望你馬上規畫開立指數化投資帳戶，或是找個能協助你開立這種帳戶、只收顧問費的理財幫手。

假如你目前是透過理財顧問去購買主動型基金，那麼改採前一章的任何一種方式，都會讓你想要和理財顧問說再見。

但是，說比做容易。參加過我的理財研討會的人，大部分都決定採用指數化投資，以節省成本和稅額。其原因在於，如此一來，相較於購買效率較低的金融商品，他們能夠建立更大的投資帳戶。

但是，並非所有參加過研討會的人都這樣做，許多人和理財顧問談過，很希望就此分手，但理財顧問的說詞卻凍結了他們的行動。

許多理財顧問都有一套戲法，用來威嚇那些想投資指數的人。而且，他們還會以卓越的績效紀錄說服客戶相信，即使背負著五十磅重的背包，仍能登上吉力馬扎羅山。

理財顧問的話術與伎倆

朋友或家人想要開立投資帳戶時，通常會問我能不能陪著一起去。出發之前，我會扼要說明市場概況、運作模式，以及指數化投資的優點。我會告訴對方，每個針對主動型基金投資所做的研究報告都有同樣的結論：要讓自己在股市裡有最好的機會，關鍵就是低成本的指數型基金。

當我們走進一家銀行或金融服務公司時，總會被安排坐在豪華的絨布椅上，而對面就是打算向我們推銷主動型基金的理財顧問。當我的朋友提出指數型基金的優點時，理財顧問立刻予以反駁。

以下是他們的說詞。當然，理財顧問要確保錢可以流進他們和公司的口袋。你對於這些說詞有心理準備，就更有機會站穩立場。不要忘記，要投資的人是你而不是他們。

當股市下跌時，指數型基金是危險的。主動型基金經理人不會把所有的蛋都放在股市裡。但是，股市指數是百分之百連結到股市報酬率。

理財顧問用這種說法來引發客戶的恐懼，指出主動型基金經理人有能力在市場下跌之前，迅速賣掉股票，如此一來，當股市崩盤時便能夠保住投資人的基金資產。然後，當市場看似「比較安全」時（或是其他類似說法），基金經理人會再買進股票，讓投資人在股市回春時獲利。

理論上，這一切都很美好。但是，基金經理人根本無法算準市場變化的時點，並且所有的隱藏費用仍然繼續產生。請教一下理財顧問：「最近哪一年股市跌得最慘？」他應該會說二〇〇八年。再問他在二〇〇八年裡，是否大多數的主動型基金都打敗大盤？這就可以捉住他的把柄。

二〇〇九年，《華爾街日報》有一篇關於標準普爾五百指數的報導，清楚的指出一個事實：在股市跌得最慘的二〇〇八年，絕大多數的主動型基金都輸給大盤。顯然，主動型基金經理人無法在股市滅頂前，及時浮出水面。

而且，就一個投資組合而言，股市指數只不過占其中一部分而已。當理財顧問拿出他要推銷的主動型基金，與某一檔股市指數型基金做一番比較時，不要被他們騙了。就如同第五章的內容，聰明的投資人會以債券型基金，來調節與平衡自己的投資組合。

我聽過一大堆理財顧問說過以下類似的話：

你無法以指數型基金打敗股市，指數型基金只能夠給你平均報酬率。我們有優秀的團隊可以為你選擇最好的基金，你為什麼只給自己一般的報酬率呢？

這總是讓我發笑。如果主動型基金沒有什麼費用成本，例如12B1費、管理費，稅金、銷售佣金、理財顧問銷售費，而且沒有操作成本，那麼他們所言正確。基本上，整體股市指數型基金的報酬率非常接近平均值。長期來看，約有半數的主動型基金能打敗股市指數，另外半數則會被股市指數所打敗。但是，若要讓這種現象成真，必須活在以下的夢幻世界裡：

①理財顧問必須是免費服務，沒有所謂的銷售佣金或推銷獎金。好心的仙子會幫他付房屋貸款、飲食和度假費用，以及其他的消費支出。

②基金公司不需要賺錢。雷蒙詹姆斯、普信（T.Rowe Price）、富達（Fidelity）、百能投資（Putnam Investment）、高盛（Goldman Sachs），以及其他營利性的財富管理業者，都必須變成慈善基金會。

③研究人員免費工作。不只是基金公司免費服務以造福世界，旗下的研究人員也是利他主義者，不需要仰賴薪酬度日，可以基於人道關懷免費奉獻時間和心力。

④負責為基金買賣股票的經理人也是免費工作。他們受到公司感召，因此免費為基

金交易股票與債券。

⑤基金公司可以免費交易股票。大型證券經紀商會吸收基金公司的交易成本。當基金公司交易股票時，證券經紀商基於認同基金公司的崇高使命，幫忙支付每一筆交易佣金。

⑥政府免除你的繳稅義務。由於基金公司造福全世界，因此所有的政府都對主動型基金的應稅銷售總額視而不見。

如果上述的夢幻情境都能發生，一檔整體股市指數型基金的績效，就只是很接近「一般」的平均值而已。

但是，在現實世界裡，那些說整體指數型基金只能給你一般回報的理財顧問，在經過驗證之後，其實都只是說謊但鼻子不會變長的小木偶，或是有「地球是平的」情結的老水手。不過，厲害的銷售員不會就此放棄。接下來，你可能會聽到類似的話語：

我可以讓你看看有不少主動型基金都打敗大盤。我們只為你買最好的基金。

這就像是從事後來看，我們很容易就可以得知，在過去的十五年裡，有哪些人贏得英國高爾夫球公開賽，並說：「看，這是過去十五年贏得英國公開賽的選手。有了這些資料，我可以挑出未來十五年的冠軍。我打包票，會用你的錢做出最好的選擇。」

但研究證明，**過去表現良好的基金很少能夠維持高績效**。

關於這一點，只要檢視晨星的主動型基金評比系統即可得知。世界上沒有人比晨星擁有更多主動型基金資料，當然你的理財顧問也不例外。但是，如同我在第三章所說，那些被晨星評比為五顆星的績優基金，通常接下來幾年的績效都輸給股市指數。

即便是晨星都知道，現今的績效不代表未來的績效。在《在先鋒集團》（*In The Vanguard*）的二〇〇〇年秋季號中，晨星的研究總監約翰・雷肯賽勒（John Rekenthalet）說：「平心而論，我也不認為你應該放太多注意力在晨星的評比上。」

因此，如果連晨星都無法挑出未來績效最好的主動型基金，理財顧問有什麼把握可以做到？尤其是當他們想要用基金的歷史紀錄來迷惑你？

如果你樂於吐槽別人，下次遇到理財顧問向你或你朋友，推銷過去十五年曾打敗大盤的基金時，可以嘗試回敬他：

嘿，那太好了。這些基金過去十五年全都打敗了指數。能否讓我看一下你的投資帳戶，如果你在十五年前便持有這些基金，我就把每一塊錢都交給你去投資。

這有點尖酸刻薄，而且你可能也不太想看他過去十五年的投資組合。如果這位銷售人員毫不退縮，接下來你會聽到他說：

我是一個專業人士，可以將你的資金分配到不同的基金，對應全球經濟的波動與基金經理人操作績效，幫你做最有效的配置，這樣便能輕易打敗指數化投資組合。

一想起他們如此為投資人著想，我就全身起雞皮疙瘩。許多理財顧問會引導投資人相信，他們可以掌握經濟脈動，趨吉避凶。理財顧問會告訴你，他們的英明睿智能夠幫你打敗指數。

但是，就金融本領而言，經紀業務員和理財顧問都位於底層。退休基金經理人、主動型基金經理人，以及避險經理人才是在上層的人。就如同美國知名理財評論員蘇斯．歐曼（Suze Orman）所說，大部分的理財顧問「只是穿著細條紋套裝的推銷員」。

你的理財專員可能只上過兩週的課。即使他考取證照，在此之前，一個理財專員只須在證券經紀公司工作一年，並接受不超過六個月的全天訓練課程（有關投資商品、保險及理財規畫）。你只要晚上花一些時間讀書，不需要太久，你就能比大部分的理財專員更了解個人理財。理財專員必須會推銷、與顧客建立信任感，還有讓顧客自我感覺良好，這些才是他們最重要的工作技能。

仲裁律師丹尼爾．索林（Daniel Solin）在撰寫《你的證券經紀人欠你錢嗎？》（*Does Your Broker Owe You Money?*）時，有一位經紀人告訴他：

訓練一位證券經紀人的方式大概是如此：研讀並參加基礎的證券及保險考試，然後大約花三週的時間學習推銷。如果證券經紀人想學點相關知識，像是資產配置與分散投資，只能利用私人的時間。

這應該可以說明為什麼經常看到，不論是什麼年紀的投資人，他們的投資組合中完全沒有債券。由於理財專員主要是接受銷售方面的訓練，因此很多人根本沒學過用股票與債券來分散投資。

著名的美國財務金融作家威廉・伯恩斯坦（William Bernstein）也認為，理財顧問的訓練不足，他在二〇〇二年出版的著作《投資金律》（*The Four Pillars of Investing*）中指出，任何想要從事投資的人都應該閱讀以下兩本經典著作：

① 墨基爾的《漫步華爾街》。
② 伯格的《共同基金必勝法則》。

伯恩斯坦說：「**當你讀完這兩本書後，你的理財知識將比九九%的證券經紀人和大多數的理財專家還要豐富。**」就我的觀察，他所言不假。

二〇〇四年，我和朋友戴夫・亞法威奇（Dave Alfawichi）走進一家位於英屬哥倫比亞省白石鎮（White Rock）的銀行，遇到一位銷售基共同金的年輕女士。戴夫想要開立一個指數化投資帳戶，因此請我陪他一起去。

我發覺這位理財專員知識嚴重不足，於是問她：「妳有哪些證照？花了多少時間取得證照？」原來，她參加一個名為「加拿大投資基金」（Investment Funds in Canada）的課程，取得銷售共同基金的執照。一般需要讀三週的全天班才能完成課程，但是她和同學改上兩週的密集班便取得執照。在上這些課程之前，她對投資一無所知。

一年後，我和我母親走進另一家加拿大銀行，要幫她開個投資帳戶。我們希望大約有五〇％的投資配置在股市指數上，另外五〇％配置在債券指數。一如以往，理財顧問又開始嘗試打消我們的念頭。

但是，當她意識到我的投資知識非常豐富時，立刻坦誠以告。她當時的談話讓我們感到驚訝，以下是我的轉述：

首先，我們會先了解對方是怎樣的客戶。銀行告訴我們，如果客戶對投資了解不多，便叫他們買「組合基金」（Fund of Funds）。組合基金並不直接投資與持有股票，而是持有一系列的基金。相較於一般的共同基金，組合基金的費用比較高。這種手法只對那些完全不懂投資理財的人有效。

如果客戶看起來聰明一點，我會針對他們個別的情況提供公司自己發行的主動型基金。我們在這類產品上賺得比較少，因此會先推銷其他東西。

我們絕對不能主動提供指數型基金給客戶。只有當投資人表示需要，而且無法說服他打消念頭時，才會出售指數型基金。

我很欣賞她的坦白，談話結束時，她請我建議幾本指數化投資的參考書籍，並開心的記下幾個書名。至少，她很願意關心她個人的投資組合。

三年後，同一家銀行的另一位理財專員打電話給我母親，他說：「妳的帳戶風險太高，請來銀行一趟，我們可以幫您做些調整。」

謝天謝地，我母親能站穩立場，堅持將五〇％的投資配置在債券指數上。她的帳戶一點都不危險，只是無法為銀行創造獲利而已。

你如果發現理財專員擁有財金、商業或企管學士學位，不要急著相信對方。可以詢問一位具有同樣學歷的人：「你讀大學時，是否研習過主動型基金、指數型基金，或是學過如何建立個人投資帳戶，以創造財富或做好退休準備？」答案應該是否定的。因此，千萬不要被一個額外或不相關的頭銜給唬弄了。

大部分的經紀人和理財顧問只是推銷人員，而且收入高得嚇人。在美國，經紀人的平均年所得接近十五萬美元，這讓他們位居高所得者的前五％，賺得比一般的律師、主治醫師或頂尖大學的教授還要多。當他們向客戶推銷主動型基金時，就像是以營養食品之名，販售糖果、酒精飲料及香菸的商人。

理財顧問與經紀人，全都功力有限

根據金融知識的豐富程度，理財顧問和經紀人位於最底端。避險基金經理人、主動型基金經理人及退休基金經理人才是位於上端。

一般而言，在業界最受肯定的是退休基金經理人，就如同合格的金融分析師一樣，他們擁有豐富的投資知識。這些人管理龐大的政府退休金與企業退休金，可說是高手中的高手。如果你的理財專員要應徵賓州教師退休基金經理人，或是紐澤西州公務員退休基金經理人的工作，應該會笑掉所有人的大牙。

退休基金經理人隨時掌握股市與經濟脈動，他們可以投資任何地方，一般來說，不必鎖定某個特定的地理區域或是某種股票類型，全世界都是他們的舞臺。他們如果想要跳進歐洲股市，就會這樣做；如果認為新興市場有機會，便前進這些區域；如果覺得股市可能經歷重創，會賣掉一部分股票，買進更多債券或是改持現金。

你的理財顧問不可能像這些人一樣，具有專業的投資知識，但是大部分的理財顧問仍然會試著讓你相信，他們像退休基金經理人一樣能掌握經濟脈動，並且為你找到最好的主動型基金。

他們會告訴你，我知道經濟何時走下坡、哪個股市就要起飛，或是這一季、這一年或十年的金價、銀價、小型股、大型股、石化類股或零售類股的表現應該不錯。

但這些全都是空話。相較於理財顧問或經紀人，退休基金經理人擁有更多的知識。

既然退休基金經理人的地位有如業界的帝王，那麼相較於分散式指數型基金投資組合，退休基金的獲利表現是如何？

大部分的退休基金經理人會採取「六〇／四〇」的資金配置方式，也就是六〇％的資金配置於股票，四〇％配置於債券。同時，他們具有一般投資人所沒有的優勢：大企業退休基金支付的費率比我們少很多，而且產生的資本利得不需要繳稅。

退休基金經理人聰明敏銳，加上低成本與不繳稅的優惠，因此你應該會認為，一般的美國退休基金可以輕易打敗配置比例相同的指數化投資組合。但事實並非如此。

美國顧問業者FutureMetrics研究一九九八年至二〇〇五年，一百九十二家大企業退休金的操作績效。結果發現，只有不到三〇％的退休基金，勝過六〇％配置在標準普爾五百指數、四〇％配置在中期公司債券指數的投資組合。

如果連退休基金經理人都無法打敗指數化投資組合，你的理財顧問會有多少機會？

大部分的退休基金都買指數

如果你把上述內容告訴理財顧問，他們若不是顧左右而言他、企圖混淆視聽，便是會瘋狂的悍衛自己。你會聽到這樣的說法：「假如有那麼簡單，為什麼退休基金不乾脆買指數就好？」

其實，許多退休基金經理人和我們大部分人一樣，想要打敗六〇%配置在股市指數、四〇%配置在債券的指數化投資組合。但是，他們並不笨，而且許多退休基金會運用投資指數來提升報酬率。

美國理財顧問、《不看盤，我才賺到大錢》（*The New Coffeehouse Investor*，中文版由大是文化出版）的作者比爾・蘇西斯（Bill Schultheis）表示，美國各州的退休基金把投資的資金放在股市指數上的比例，分別是華盛頓州為一〇〇%，加州為八六%、紐約州為七五%、康乃迪克州則是八四%。

然而，絕大多數的一般投資人（約有九五%的個人投資者）卻都購買主動型基金。這些人沒有注意到這些資料，而且理財顧問扭曲事實，導致他們一直流失金錢。這造成大部分的人付出超過半數退休金的代價，全都拜管理費、稅金，以及「掌握市場時間點」的愚蠢錯誤所賜。

堅持投資指數型基金也許很無聊，但是這能讓你避免被險惡的股市吞噬，並且有最好的機會透過股票與債券市場致富。

投資產業是個大騙局

耶魯大學捐贈基金經理人大衛・史雲生（David Swensen）建議美國政府，必須阻止主動型基金產業對個人投資者的剝削。其實，美國有好幾檔主動型基金的成本非常低廉。相形之下，加拿大、英國及新加坡的主動型基金成本都比美國高很多。

你不能等政府立法管制，對抗剝削的最佳武器是「教育」。你在高中時期也許沒學到這些東西，但你可以現在學。

有些人聽到了武裝自己與採取教育行動的聲音，其中一位就是谷歌的副總經理強納生・羅森伯格（Jonathan Rosenberg）。

二〇〇四年八月，谷歌的股票公開上市，當股價飆漲時，該公司有許多原本便持有谷歌股票的員工，一夕之間變成了千萬富翁。

谷歌員工的這波致富浪潮吸引了許多理財專員，他們來自各個金融機構，例如摩根大通（JPMorgan Chase）、瑞士銀行（UBS）、摩根士丹利，以及Presidio Financial Partners等。這些人就像嗜血的鯊魚，繞著谷歌打轉，一心想要進入公司總部，向成為新富豪的員工銷售主動型基金。

谷歌高層先將這些理財專員擋在門外，然後在這些人有機會進入谷歌總部之前，公司先安排一系列的專家講座。

根據二〇〇八年為《舊金山》（*San Francisco*）雜誌撰稿的馬克．多維（Mark Dowie）的敘述，第一位前往谷歌演說的專家是史丹佛大學的夏普，他是一九九〇年諾貝爾經濟學獎得主。夏普的忠告是遠離主動型基金：「不要想打敗市場，請將你的錢放在指數型基金上。」

一週後，普林斯頓大學經濟學教授墨基爾來了，他鼓勵員工建立指數型基金投資組合。墨基爾自一九七〇年代初期開始研究主動型基金投資，他堅信不可能選出能長期打敗股市指數的主動型基金，而且也不相信經紀人、理財顧問、朋友或雜誌的建議。

接下來，谷歌員工有幸聆聽伯格的演說。伯格是金融天才，更是許多小股民的教主，他創立了非營利投資機構「先鋒集團」。伯格傳達了同樣的訊息：那些競相造訪谷歌的經紀人和理財顧問，是個龐大的掠奪機器，一心想要透過高費率來奪取金錢。而你直到一切都太遲了，才會發現這件事。

當這些噬血鯊魚終究登上船時，谷歌的員工早已有武器來對付鯊魚的利牙，可以輕鬆擋住這些衣冠楚楚、能言善道、迷人的理財顧問。

我希望你能像谷歌的員工一樣，但不要忘了，對於大部分的理財顧問而言，指數型基金是「賤民」。如果你現在有位理財顧問，而且沒有投資指數型基金，那麼你應該已經知道，指數型基金之所以在你的投資帳戶中缺席，是因為和理財顧問的利益相衝突。所以，向理財顧問詢問他對指數型基金有什麼看法，只是浪費時間而已。

在我舉辦的指數型基金研討會結束之後，常聽到有人說：「我要找我的理財顧問，詢問指數型基金的事情。」這就像是要麥當勞的店長告訴你漢堡王的所有事情一樣，他們絕不要你走進任何接近華堡（漢堡王的招牌產品）的地方。

理財顧問也不希望你注意到哈佛大學捐贈基金經理人傑克・梅爾（Jack Meyer）的說法。他二〇〇四年接受《彭博商業週刊》（*Bloomberg Businessweek*）的威廉・席蒙斯（William C. Symonds）採訪時，表示：

投資產業是個大騙局，每年的交易成本和收費都蒸發掉幾十億美元……大多數的人認為自己可以找到能戰勝大盤的基金經理人，但多數都錯了。你應該持有指數型基金就好，不要懷疑。

很顯然的，從統計機率來看，投資指數型基金最能夠確保成功。不過，這意味著當大多數的人屈服於迷人的銷售說詞，並走向主動型基金投資之路時，你必須站穩立場，選擇人煙稀少的道路。如果想以普通薪水累積財富，就付不起理財顧問所銷售的昂貴投資商品。

不過，投資人還會面臨一大風險，那就是當其他的投資選項，可以比指數化投資組合帶來更高的報酬率時，往往很容易犯錯。在下一章，我將點出人們會犯的一些錯誤，並說明如何避免重蹈覆轍。

第八堂課

高投資報酬率背後的真相

自己理財有個風險，那就是可能會落入某些騙局。學會打敗絕大多數的專業投資人並不難，只要投資指數型基金就對了。但是，有些人卻會走岔路，誤用其他的投資選項。

最糟糕的是妄想以新的理財策略來獲致成功，如果有某種做法在過去一年、三年或五年內是可行的，人們便很難抵抗誘惑，想繼續冒著風險這樣做。但是，抗拒「容易賺錢」的誘惑是很重要的，似是而非的理財策略讓你受傷，並且有人會騙走你的辛苦錢。

投資的騙局，始終有人相信

我真的認為，如果有人宣稱他從未做過愚蠢的投資決策，那可能是在說謊。因此，我在這裡坦承告白自己所做過最愚蠢的投資決策，應該可以讓你避免犯下同樣錯誤。

一九九八年，朋友問我是否願意投資一家名為「快錢借款」（Insta-Cash Loans）的公司。朋友推薦：「這家公司提供高達五四%的年利率，而且我認識一些投資這家公司的人，他們真的收到了利息。」

任何稍有頭腦的人一聽到這麼高的利率，應該立刻心有警覺。那段期間，我正在注意高利率公司債的風險，例如世界通訊（WorldCom）便發行了殖利率高達八．三%的公司債。**這麼高的利率是種警訊：**如果一般公司債的利率只有四%，那麼只有燃眉之急的公司才願意支付高達八．三%的利息，世界通訊在發行公司債後不久就宣告破產。其實，該公司是向銀行借錢來支付債券利息。

相較於世界通訊的瞬間破產，我朋友口中的五四%年報酬率更是令人匪夷所思。我心想這是個多麼瘋狂的投資，我告訴他：「這家公司並不會真的付你五四%的年息。你給這家公司一萬元，一年後對方付你五千四百元利息，其實只拿回不到本金的一半。如果那傢伙帶著一萬元跑路，躲到馬來西亞山區，你將損失四千六百元。」

這似乎非常瘋狂。但更瘋狂的是，我最終改變了心意。

一年後，朋友說他已經拿到五四%的利息，我仍舊堅持：「你的本金還是有可能蒸發。」過了一年，他又收到了五四%的年息，這筆錢是按月支付，四．五%的月息每個月都會存進他的銀行帳戶。

雖然我仍然認為這是個騙局，可是我無話可說。顯然在這場比賽中，我的朋友已經獲勝，他得到的利息已經比投入的本金還要多。於是，他將投資金額增加到八萬美元。換言之，他每年能夠獲得四萬三千兩百美元的利息。因此，已經退休的他用這些錢環遊世界，造訪阿根廷、泰國、寮國及夏威夷，這一切全都是因為擁有豐厚的利息收入。

大約五年後，他說服我和快錢借款的老闆達爾．克萊恩（Daryl Klein）見面。他們究竟如何每年支付五四％的利息給每位投資人呢？我真的想知道公司的運作模式。

走在克萊恩辦公室前的長廊，我滿腹狐疑。克萊恩穿著一件皺皺的襯衫、捲起衣袖，手裡還拿著一根香菸。我們走進他的辦公室，克萊恩向我說明公司的運作模式。一開始，他打算開一家抵押借款公司，但當接觸到更有利可圖的汽車抵押借款業務時，隨即改變心意，創辦了快錢借款公司。

克萊恩以輕鬆的語調描述整個過程：

我借小額短期資金給那些借不到錢的人，舉例來說，如果有位不動產經紀人賣掉一間房子，他知道不久後可以收到一大筆佣金，但現在就想買一套音響。剛好信用卡刷爆，手上又沒有現金，他就可以來找我。

我問：「那麼，你怎麼做呢？」克萊恩回答：

如果他有一輛車，將車子的所有權移轉給我，我便借他錢。這輛車只是抵押品，他可以繼續開這輛車，但所有權是我的。我收取高利，還有一筆抵押費，如果他還不出錢，我就可以合法拿走他的車。如果還清借款，便將車子的所有權還給他。

我又問：「如果他開著車遠走高飛，那怎麼辦？」克萊恩說：

公司雇用許多退休女士，她們善於追蹤車子。之前有個傢伙還不出錢，開著車子跑路。我的員工在安大略省發現他（安大略省距離克萊恩位於英屬哥倫比亞的辦公室，約有六個小時的飛行距離），在那傢伙還沒察覺之前，就用火車把那輛車運回來了。最後，我們還給他一張借款利息帳單，其中加計了車輛的運費。

對我而言，這是個相當有效率的運作模式。但是，我想知道克萊恩是否還有良心，於是問他：「你是否曾寬免過還不出錢的人？」

他往後靠向椅背，臉上帶著一抹自得的微笑。克萊恩告訴我，有位婦人拿家裡的露營車來抵押借錢。她還不出錢，但以為公司無法留下露營車。她丈夫不知道借錢的事，帶著律師來辦公室理論，但是合約完全合法，律師也無可奈何。

不過，克萊恩說他很同情那位婦人，並將露營車的所有權還給那對夫婦。

這聽起來是個非常棒的運作模式，但從沒有人能保證五四%的投資報酬率。搞出美國近代史上最大騙局的馬多夫，承諾給投資人至少一〇%的年利率，吸光許多聰明人的錢，並捲款六百五十億美元逃逸。馬多夫聲稱將投資人的錢投資股市並以此獲利，但事實上，他只是用新投資人的錢付「利息」給舊投資人，客戶們看到的獲利全是假的。當投資人想要提領資金時，馬多夫就拿新得手的錢朦混過關。

二〇〇八年金融危機後，馬多夫的騙局終於澈底崩盤，投資人失去一切。受害者包括演員凱文・貝肯（Kevin Bacon）和他妻子奇拉・席茲維克（Kyra Sedgwick），以及導演史蒂芬・史匹柏（Steven Spielberg），另外還有許多投資人損失數百萬美元。

但是，相較於克萊恩的五四%利息，馬多夫的一〇%報酬率根本是小巫見大巫。雖然克萊恩在二〇〇一年時告訴我的故事聽起來似乎非常可靠，但我仍然沒投資這個傢伙。不過，我的朋友仍持續收到利息，已經累積超過十萬美元。

二〇〇三年，我覺得自己觀望太久，朋友已經賺了好幾年的錢，我的警覺心被貪婪蒙蔽，忘記了危險。我再度和克萊恩見面，並且投資七千美元。

另外，我參加的一個「投資之友會」（第九章會再提及）也被我說動，一起投資五千美元。每個月收到四．五％利息讓我們自我感覺良好。一年後，投資之友會又投入兩萬美元。

我其他的朋友也開始躍躍欲試，有人貸款五萬美元，全部投入「快錢借款」公司，每個月可以領到兩千兩百五十美元。另一個人則投資超過十萬美元，每年能領到五萬四千美元。

不過，這個「愚人天堂」比愛麗絲夢遊的仙境更不真實。

就像馬多夫（他在克萊恩之後被捕）一樣，這場吸金派對最終在二〇〇六年落幕，到處都有人蒙受其害。我們無法得知，克萊恩是否一開始就想設計騙局（顯然他利用投資人的錢來支付利息），或者他的初衷並不壞，只不過營運計畫變了調，以至於慢慢走向歪路。

克萊恩最後被控違反證券交易法，二〇二六年之前不許從事任何與投資有關的活動。雖然他接受了法律制裁，但對於投資人而言，這不過是個小小的慰藉。有些人甚至把房子拿去抵押，借錢投資克萊恩的公司。

我們的投資之友會只得到幾個月的利息，投資的兩萬五千美元全都付諸流水，我的七千美元也蒸發掉了，許多投資人變得一無所有。二〇〇六年「快錢借款」公司宣告破產之前，我那位投資五萬美元的朋友只收到十個月的利息（這部分的所得還得繳稅），投入的本金則消失無蹤。

這是個重大的教訓，在生命中某些時刻，有些人可能會對你做出一些極為有利可圖的承諾。別理他們，這只會讓你頭疼，還可能把你的資產捅出個大黑洞。

九四%的股市老師跑路

一九九九年，我們的投資之友會想要選股以投資獲利，因此訂閱一份名為《吉爾德科技報告》（*Gilder Technology Report*）的投資通訊月刊，它是由喬治·吉爾德（George Gilder）這位老兄所發行的。

你只要透過網路搜尋，很快便能找到一個網站，上面標榜吉爾德的選股紀錄。他聲稱在過去三年間，其投資組合報酬率高達一五五%，你只要花一百九十九美元就可以訂購十二個月的投資通訊電子報。如果你有些心動，我要告訴你一個故事。

一九九九年，我們以為吉爾德握有通往財富王國的鑰匙。但不幸的是，他帶給我們的只有痛苦。現在，如果看過他在網路上提出過去十一年的紀錄（而非聲稱三年獲利一五五％），很多人應該會倉皇而逃，因為他的選股根本就是拿錢去填恐怖的無底洞。

當時，我們購買吉爾德的科技報告，而且投資他的選股。我希望投資之友會的人不要知道吉爾德仍在吹噓致富之道，因為他們很想將他塞進桶子裡，然後推入河中。

請參見第四章的表4-4，我列出了科技股在二〇〇〇年至二〇〇二年的股價表現。二〇〇〇年，誰建議股友買進北電網絡、朗訊科技、捷迪訊光電，以及思科？就是吉爾德。從下頁表8-1可以看到真實的結果。如果你在二〇〇〇年投資四萬美元，買了這四檔「吉爾德精選飆股」，到二〇〇二年時就只剩下一千一百四十美元。以百分比來看，你的投資必須成長三四〇〇％，才能夠回到原本的四萬美元！

宣傳短期賺的，不夠老師長期賠的

如果這真的發生，吉爾德應該在網站上吹噓這些數字，而不是三年內賺一五五％的報酬率。

吉爾德的選股將投資人拋入大峽谷中，然而他還說他能讓人竄高五十英尺。如果吉爾德將他真正的選股事績公諸於世，就無法再愚弄那些想要「輕鬆致富」的訂購會員。

表8-1：科技股的重挫表現（2000年–2002年）

股票名稱	2000年 時投資金額	2002年 低點時的價值
亞馬遜網路書店（Amazon.com）	$10,000美元	$700美元
思科（Cisco Systems）	$10,000美元	$990美元
康寧（Corning Inc.）	$10,000美元	$100美元
捷迪訊光電（JDS Uniphase）	$10,000美元	$50美元
朗訊科技（Lucent Technologies）	$10,000美元	$70美元
北電網絡（Nortel Networks）	$10,000美元	$30美元
價格線上網路（Priceline.com）	$10,000美元	$60美元
雅虎（Yahoo!）	$10,000美元	$360美元

資料來源：晨星公司，以及墨基爾《漫步華爾街》。

開個玩笑，如果吉爾德在二〇〇〇年的選股，真的可以在二〇〇二年至二〇一一年這段期間成長三四〇〇％，那會讓許多人驚豔。但是，這無法打動我，因為在經歷了追隨吉爾德的腳步，導致二〇〇〇年至二〇〇二年的慘痛經驗之後，三四〇〇％的獲利成長，只不過讓慘賠的會員回到十年前的投資水準，也就是沒賺沒賠而已（不考慮通貨膨脹等因素）。

如果有人持續跟隨吉爾德買股，那麼他們應該從未接近過損益平衡點。他的追隨者正在大峽谷底部哀號，而且已經喊到口渴了。

錢被騙走，只能怪自己

我們已經知道，在計算稅金和費用之後，打敗指數型基金分散式投資組合的機率很小。然而，那些投資通訊又是怎麼說？你可以看到更多美麗的行銷用詞。他們會選擇性的誇大報酬率（如同吉爾德），令許多經驗不足的投資人垂涎不已：

> 我們運用特別的策略，在過去十二個月終於創造了三〇〇%的報酬率；現在，每個月只要付九．九九美元，我們便和你分享這個新的致富方程式！

想想看，若有人真能以比巴菲特快十倍的速度獲利，那麼他不就應該名列「富比士四百大富豪」了嗎？如果這位仁兄真的掌握了股市，那他為何要花這麼多時間掛在電腦前敲鍵盤打字，只為了賣一份九．九九美元的投資通訊給你？

讓我們檢視真實的數據，大部分的投資通訊就像蜻蜓，看起來很漂亮、飛來飛去，不過生命不長久。猶他大學教授約翰．葛拉漢（John Graham）與杜克大學教授坎貝爾・哈維（Campbell Harvey）進行一項為期十二年的研究，從一九八〇年六月至一九九二年十二月，追蹤超過一萬五千份股市通訊，發現這段期間，**有高達九四%的股市通訊從業界消失**。

如果你像麥達斯（Midas，譯注：希臘神話中能點石成金的國王），能透過投資通訊散播具有致富智慧的選股，就不會從業界消失。若能實現高報酬率的承諾，就可以建立一個投資通訊王國。但如果你的建議太糟糕，便只能追隨長毛象的腳步走向絕種。

有好幾個組織會追蹤投資通訊的選股，《赫伯特金融文摘》便是其中之一。在二〇〇一年一月號的文摘中，它追蹤了一百六十份內容充實的投資通訊，發現過去十年間只有十份的選股打敗了股市大盤。根據這個數據顯示，**跟隨投資通訊的選股建議而打敗大盤指數的機率，不到七%**。

換另一個角度來看，這些投資通訊的廣告如何打動你？

你可以投資股市指數型基金，或可以跟隨我們選股。我們的失敗率（相較於大盤）是九三%。請即刻登入！

如果投資人知道這個事實，投資通訊也許根本就無法存在。

高收益債券，結果是垃圾

有時候，你可能必須抵抗一下購買高利率公司債的誘惑，避開這一類的投資。一家公司如果財務不健全，便不容易向銀行借到錢，因此該公司會宣傳債券的高利率，以吸引高風險投資者注意。但是，這家公司真的遇到財務問題，就無法支付利息，投資人最後可能連本金都拿不回來。

那些付高利率的債券因為發行公司的財務狀況不佳，被稱為「垃圾債券」。我發現比起冒險摘取一朵美麗的花，負責任的保守態度比較好。

投資新興市場？別被GDP騙了

有位朋友曾說：「我的理財顧問建議，因為我還年輕，可以承受較大的風險，所以可以將所有的錢都投入新興市場基金。」

我朋友的理財顧問夢想著，有一天在中國大陸與印度的幾十億窮人，都擁有五十英寸的平板電視，一邊觀賞當紅的節目，一邊吃漢堡和薯條、狂飲可樂。這位理財顧問雙眼發亮看著這些快速膨脹的經濟體，並想著投資能帶來多少可觀獲利。

但是，有幾件事必須注意：從歷史資料上來看，新興經濟體的投資報酬率不一定能勝過經濟成長趨緩地區的股市表現。伯恩斯坦運用摩根士丹利指數與國際貨幣基金（IMF）的資料，在他的著作《投資人宣言》（*The Investor's Manifesto*）中指出，以一九八八年至二〇〇八年這段期間來看，國內生產毛額（GDP）成長達一定水準的新興國家，其股市投資報酬率比成長趨緩的經濟體還低。

在表8-2中，我們將成長最快的中國與成長最慢的美國做一比較，可以發現投資美國股市指數的投資人，在一九九三年至二〇〇八年間有相當不錯的獲利。但是，若在這十五年間持有中國股市指數，雖然中國每年GDP的成長率高達九．六一％，但是投資人卻賺不到任何利潤。

同樣的，如同表8-3所示（見第二四四頁），耶魯大學的捐贈基金經理人大衛．史雲生也警告同業，不要落入GDP成長率的陷阱。在專門為機構投資人所著的《開創性投資組合管理》（*Pioneering Portfolio Management*）一書中，他指出從一九八五年至二〇〇

表8-2：新興經濟體並不一定能創造好的股市報酬率

國別	1988年–2008年考量通膨因素後的GDP年成長率	股市平均成長率
美國	2.77%	8.8%
印尼	4.78%	8.16%
新加坡	6.67%	7.44%
馬來西亞	6.52%	6.48%
韓國	5.59%	4.87%
泰國	5.38%	4.41%
臺灣	5.39%	3.75%
中國	9.61%	–3.31%（至1993年為止）

資料來源：伯恩斯坦《投資人宣言》。

六年（世界銀行於一九八五年開始衡量新興市場的股市報酬率），相較於新興國家的股市，已開發國家的股市報酬率比較高。

新興市場也許很刺激，因為其躍升速度有如火箭發射，但也可能如隕石般墜落。如果你不需要在投資組合中加入這樣的刺激，最好還是購買一檔整體國際股市指數型基金，而不要在新興市場上投入大把金錢。

新興市場能否成為未來的贏家，每個人對此都有不

表8-3：新興市場投資人並不一定能賺到更多的錢

指數	1985年–2006年	投資的10,000美元可成長為……
美股指數	年獲利13.1%	$1,326,522.75美元
已開發國家指數（英國、法國、加拿大、澳洲）	年獲利12.4%	$1,164,374.09美元
新興市場指數（巴西、中國、泰國、馬來西亞）	年獲利12%	$1,080,384.82美元

資料來源：史雲生《開創性投資組合管理》。

同的看法。觀察現狀並根據歷史資料，調整對新興市場的預期，才是聰明的做法。

黃金絕對是短線，長期沒獲利

我們的教育制度真的沒有給學生足夠的理財知識，你可以到街上做個小實驗，保證讓你大感震驚。

你可以找一些人，請他們想像一下，假如他們的祖先在一八〇一年以一美元購買一塊黃金，那麼二〇一一年時，這塊黃金有多少價值？

當他們想像賣掉黃金可以買多少東西時，應該會不由自主的睜大雙眼。他們可能會想像，能夠買下一艘遊艇、一架噴射機，或是擁有南中國海上的一座島嶼。

不過，圖8-1會讓這些夢想全部都幻滅。賣掉那塊黃金的錢，只夠幫一輛小休旅車加滿油。

但是，如果投資一美元在美國股市，結果會是如何？現在，真的可以開始想像你的遊艇。其原因在於，一八〇一年投入美國股市的一美元，到二〇一一年時，價值將高達一千零一十五萬美元。

黃金是可以讓持有者在經歷亂世之後，用來換取麵包的東西。或者，黃金也適合讓持有者算準金價變動時機，買低賣高以賺取差價。**這不算投資，而是投機**。兩百年來，金價一直有高低起伏，就像一個頑皮小孩跳著彈簧床，在加計通貨膨脹

圖8-1：黃金 vs. 美國股市（1801年–2011年）

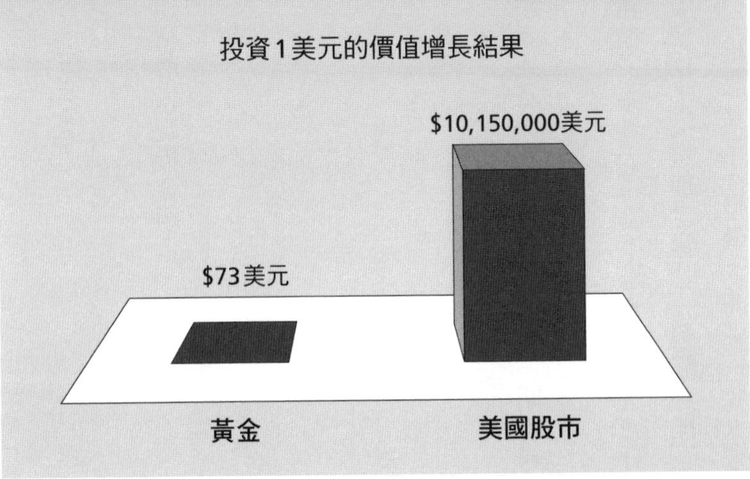

的因素之後，黃金長期並沒有什麼獲利。

我比較喜歡「熱帶沙灘投資法」（Tropical Beach Approach）。

①購買可以打敗黃金的資產（取得平衡的股票與債券指數投資組合）。

②躺在熱帶沙灘的吊床上。

③沐浴在陽光下並享受長期獲利。

企業威脅抽廣告，雜誌敢講實話嗎？

如果所有投資雜誌都抱持著利他主義，要幫助讀者致富，那麼每本刊物每一期的封面故事應該都是：今天就買指數型基金。

但不會有人買這樣的雜誌，因為一點都不具新聞性。而且，雜誌不是光靠讀者的訂閱來賺錢。大多數的刊物都是靠廣告賺錢，你可以隨便找本投資理財雜誌，翻翻看裡面有什麼廣告。銷售共同基金和提供證券經紀服務的金融服務業，是最大的廣告收入來源。沒有編輯會爬到樹上向世人宣告：**企圖以共同基金打敗股市指數往往徒勞無功**。其原因在於，廣告主付錢給雜誌，於是讀者會看到封面上寫著：「二〇一一年最熱門共同基金」。

我在二〇〇五年為《財識》雜誌撰寫一篇名為「我如何以中等所得致富」的文章，提到一位身價百萬美元的技工培瑞（請參閱第一章），並引述培瑞對購買新車的看法：買新車不是一個好主意，人們應該買中古車。

在和雜誌總編輯麥古根聊過之後，我才知道美國最大的汽車製造商之一曾致電表達關切，並威脅**如果再在《財識》上看到類似文章，他們就要抽廣告**。即便理財雜誌出版界想要教育讀者，卻會面臨更大的阻力。

當我撰寫本書時，二〇〇九年四月號的《財智》（*SmartMoney*）雜誌就躺在我的書桌上。這本雜誌的內容，應該是在股市從金融危機中復甦前一個月就先寫好的，因為該期雜誌沒有大聲疾呼：「趁機購買超低價股票。」相反的，它給了（股市反彈前）讀者想要看的。封面是成疊的百元美鈔，用一條鏈子綁起來，並加上醒目的標題：「保住你的錢」、「五檔最強的債券基金」、「你的現金該放哪裡？」、「如何購買黃金？」。

他們不得不如此。大家如果對股市大幅下滑恐懼不已，一定希望為發抖的靈魂補充一碗雞湯。讀者想知道如何逃離股市，而非擁抱股市。當大眾如此恐懼時，提供他們「避風港」，應該能提升雜誌銷量。當其他人都恐懼時，若你也害怕，就無法賺到錢。

我不是挑剔《財智》雜誌，我可以想像，他們將這些議題集合在一起時，處於多麼兩難的狀況。這些撰稿人都很聰明，當然知道對於長期投資人而言，股票大跌時進場買進是一種很有效的致富策略。但是，對於大部分的人而言，下跌的股市比做直腸鏡檢查還要恐怖。股市下殺時以債券基金和黃金為主題，比較容易刺激雜誌買氣。

讓我們看一下，如果依照該期《財智》雜誌的建議去做，會賺到多少錢。他們建議投資以下的債券型基金：OSTIX基金、PRTAX基金、駿利高收益基金、富蘭克林坦伯頓全球債券基金，以及道奇・考克斯收益基金。

將利息重新投入後，《財智》雜誌所建議的基金從二〇〇九年四月到二〇一一年一月，平均報酬率為三二・八％（見左頁表8-4）。

該期雜誌也建議讀者投資黃金，由於金價在這段期間創下歷史高點，因此報酬率為四六％。

目前看來，該雜誌所建議的投資看來沒錯，但有些東西是你沒有看到的。相較於過去好幾十年，股價變便宜了，因此雜誌的標題應該是：「現在就該買股票！」

表8-4：《財智》雜誌建議的基金成長百分比（2009年4月–2011年1月）

基金名稱	價值成長百分比
OSTIX基金（Osterweis Strategic Income Fund）	+34%
PRTAX基金（T.Rowe Price Tax-Free Income Fund）	+13%
駿利高收益基金（Janus High-Yield Fund）	+58%
富蘭克林坦伯頓全球債券基金（Templeton Global Bond Fund）	+34%
道奇．考克斯收益基金（Dodge & Cox Income Fund）	+25%
平均報酬率	+32.8%

資料來源：晨星公司。

但他們並沒有這樣做。從下頁圖8-2可以看出，《財智》雜誌的讀者錯過一些賺大錢的機會，因為在二〇〇九年四月到二〇一一年一月，股票輕鬆打敗了債券和黃金。

根據先鋒集團股市指數的統計資料，這段期間美國股市上漲了六九%，該公司的國際股市指數上漲七〇%，而全球股市也成長了七〇%。

從上述的比較當中，可以看出「預測」是非常

圖8-2：債券基金和黃金 vs. 股市（2009年4月–2011年1月）

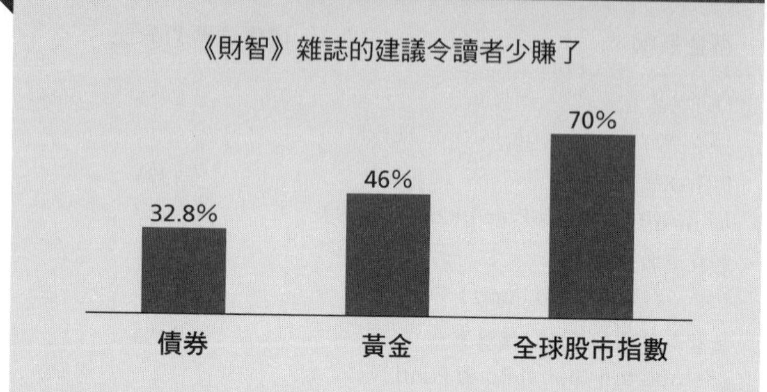

資料來源：晨星公司。

困難的一件事，也讓我們知道雜誌是多麼迎合廣告主，以及如何利用讀者的情緒來刺激銷售量。

避險基金？其實風險超大

有些有錢人對指數型基金嗤之以鼻，他們認為如果付更多錢給專業金融管理業者，就能夠獲得更高的報酬。對於資金充裕、可承擔大額賭注的人而言，避險基金是一種常用的投資工具，它雖然費用高昂，但仍然能引起投資人的注意，並誘發貪婪之心。（編按：避險基金〔Hedge Fund〕，或稱為「對沖基金」，其操作方式較具彈性，經理人憑藉技術和經驗，運用金融期貨〔financial futures〕、金融期權〔financial option〕等衍生性金融商品或工具，以及財務槓桿等手法，來規避風險、增加收益。〕

現在也許你並不感到驚訝，根據統計，投資指數型基金才是較好的選擇。避險基金的風險很高，而且缺點比優點多。

你有可能大賺一筆

由於沒有規範限制，因此避險基金可以和匯市或股市對作。當股市下跌時，如果基金經理人「放空」股市，也就是押股市會跌，然後在股市崩盤時實現獲利，那麼避險基金就能夠賺很多錢。

由於只有夠格的有錢人投資（這些人也應該深諳股市），因此基金經理人為了避險，可以選擇集中重押在幾檔個股或任何投資商品上。而一般的共同基金則有很多投資規範，例如只能將多少蛋放在同一個籃子裡，亦即分散投資。如果避險基金經理人的大賭注押對了，投資人就能夠有很大的獲利。

缺點：七五%的基金很短命

通常，避險基金的費率為每年二%，比美國共同基金的平均費率高出三分之一。此外，投資人賺到錢時，避險基金會從獲利中額外抽頭二〇%，分給基金經理人或基金公司。這是一種合法的管道，可以從想要獲得高報酬的人身上賺大錢。

避險基金能自行決定是否揭露獲利結果，這是第一個神祕的面紗。每一期《經濟學人》（*Economist*）的最後，都會刊登避險基金的平均報酬率（未經稽核）。我持續觀察十年以上，一般來說，避險基金的績效只比大盤指數高出一%或二%。

但是，蒐集避險基金資料的人並沒有注意從市場上消失的基金，他們只報告「倖存者」的績效。那麼，避險基金的陣亡率是如何呢？

普林斯頓大學的墨基爾與耶魯管理學院的羅伯特．伊波森（Robert Ibbotson）針對避險基金進行研究，發現從一九九六年至二〇〇四年，只有不到二五%的避險基金持續存活。**你會想從陣亡率高達七五%的基金中，選一個來投資嗎？**我可不會。

在檢視避險基金平均報酬率時，你只看到「倖存者」的結果，那些一路上不斷陣亡的基金並不在統計資料內。這就像某位教練找了二十名學生參加越野賽，有十七個人無法跑完全程，剩下來的三名學生則分居前三名，你發表比賽報告，指出選手平均名列第二。奇怪吧？但在避險基金資料整理者的神奇世界裡，這是正確的。

由於相關報導晦暗不明，墨基爾與伊波森在研究期間發現，這些資料所顯示的平均報酬率每年皆被誇大了七．三％。這些結果包括了存活偏差（沒將那些未跑完全程的基金納入計算），以及所謂的「回填偏差」（由於避險基金可以選擇績效報告時機，因此在成績不錯時才公開報酬數字）。想像有一千檔小規模的避險基金開跑，只要一開賣，就會向那些有錢的投資人推銷。但它們的規模不夠大，或是操作表現不夠好，因此其績效數字不會加進避險基金資料中。

十年之後，假設墨基爾和伊波森的觀察成真，有七五％的避險基金從市場上消失，對於那些投資人而言，這真的是一切成空。

存活下來的兩百五十檔避險基金當中，有半數成績優異，能繼續成長並宣傳過去的成功紀錄。因此，十年之後，原本的一千檔避險基金當中，只有兩百五十檔留了下來，而其中有一百二十五檔成長到足夠的規模，可以向避險基金資料整理者報告它們十年來的歷史獲利。至於那些績效未達標準、或是破產的避險基金，則不會有任何的數據。忽略表現不好的基金，只注意在表現好的基金，就形成了回填偏差。

這種做法不但忽略了基金的陣亡率，也忽略了若是基金無法成長或成功，便不會提報績效。墨基爾和伊波森的研究發現，這種弔詭的選擇性欺騙誇大了避險基金報酬率，這種偏差每年高達七．三%。

更糟的是，如果加上稅金，由於避險基金交易頻繁，因此其效益很差。而且，你永遠不知道哪些基金可以存活下去，哪些基金會付出巨大代價而消逝。

避險基金就像刺蝟，遠遠看起來很不錯，但你不會想要靠近牠們的刺，因此最好還是待在一檔整體股市指數型基金裡。

充滿誘惑的投資承諾與快速致富的藍圖，的確非常誘人。然而，這讓我想起為何我在登山時總是不走捷徑，因為那太容易讓人迷路。不曉得法國作家伏爾泰（Voltaire）會不會同意我的看法？伏爾泰在他的《哲學辭典》（*Dictionnaire Philosophique*）中寫到：「『最好』往往成為『好』的敵人」（編按：這句話意指目標太高反而失敗）。

那些對指數化投資組合仍不滿足的投資人，可能會致力追求某些可望是「最好的」東西。但是，在這條路上卻充滿了更多的悲劇，而非成功。

第九堂課

如果你
真的很想買股票

相較於男性，女性應該是比較好的投資者。全世界有不少研究指出，比較男性與女性的投資帳戶報酬率之後，發現後者的表現比較佳。為何會如此？

對於許多男性而言，讓女性掌管家庭投資並不合理，畢竟女性似乎不會聚集在辦公室的飲水機旁，討論最近有哪幾檔熱門股票或共同基金。看到財經電視臺CNBC的貝姬·奎克（Becky Quick）和主持人大談股票、經濟及市場時，女性似乎並未感到興奮。如果她們較不關心這些不斷變動的資訊，又是怎麼打敗男性的投資績效呢？

根據傑森·柴格（Jason Zweig）在二〇〇九年發表於《華爾街日報》的一篇文章，財金教授布萊德·巴伯（Brad Barber）與泰倫斯·歐狄恩（Terrance Odean）認為，女性的投資成績之所以平均每年優於男性約一%，是因為女性的**交易頻率較低**、**比較不冒險**，**而且期望的報酬也比較少**。顯然的，就男性而言，過度自信可能是影響投資的一大原因。

在我的指數化投資研討會中，許多女性朋友都學會要將錢放在分散式指數化投資組合中。對於她們的投資來說，最大風險是什麼呢？答案是：她們的先生。

男性通常願意冒更大的投資風險，尋找賺錢更快的股票，或是想要預測經濟走向，覺得自己能承擔更高的風險與獲取更大的報酬。

這種差異可能引發夫妻間的爭吵，雙方必須相互妥協。不管是男性或女性，**如果無法克制自己買個股，那麼，請將你的投資組合中一〇%的資金獨立出來買**，其餘九〇%還是放在分散式的指數型基金上。

在買個股時，請保持頭腦清醒。長期來看，你不太可能打敗股市指數，但仍有可能有機會挖到寶，你也許真的可以享受這個過程。

以巴菲特為師

一九九九年時，我參加一個由學校教師所組成的投資之友會，我們蒐集每個人的資金做一點投資。一開始，這個投資之友會像是一艘沒有掌舵者的船，我們自以為聰明，看經濟新聞、訂閱選股通訊、緊跟財金網站、閱讀華爾街日報以及聽電視上的「專家」開講。就如同大多數緊跟投資媒體報導的人一樣，我們投資帳戶的績效非常糟糕。

後來，我們變成巴菲特的信徒。巴菲特不同於我們之前追隨的「股市大師」，他從不聲稱自己知道股價短期內何時會漲，也不論斷未來的利率走勢，或是哪一家公司的月報、季報或年報會出現比預期更好的獲利。

但是，巴菲特給我們更有價值的東西。他教我們有邏輯的思考如何以合理的價格買進股票，並指出每家企業都有其自身的價值，而這個價值可能比目前的股價高、也可能比較低。換句話說，一檔股票的真正價值可能比現有的股價高很多。

巴菲特長期以來在股市獲利的方法是：**找到股價合理的好企業，或是更理想的，找到股價偏低的好企業**。我們也希望能夠這樣做。

二〇〇〇年底，在經過草創期後，我們的投資之友會正式採用巴菲特的投資法則。我們根據巴菲特的標準選股，獲得了不錯的績效，在一九九九年十月至二〇一一年一月，我們的年平均報酬率為八．三％。

二〇〇四年，我請當時的《財識》雜誌總編輯麥古根看我的投資持股。二〇〇八年，他鼓勵我公開這個故事，於是我撰寫有關這個投資之友會的操作結果和投資手法，這篇文章刊登在該雜誌的二〇〇八年十一月號。

從二〇〇八年起，我們的投資報酬率一直都很不錯。但最重要的是，拉長時間來看，我們從來不幻想可以打敗股市指數。任何認為自己可以打敗指數的大膽投資者，都必須面對時間所產生的侵蝕效應。許多比我們聰明的人會有幾年績效比大盤好，但是當他們做出一個錯誤選擇之後，最終必須謙卑的面對自己和市場。

不管原本領先多少，大部分的投資者最終仍然會敗給分散式指數化投資組合。因此，我將所有的退休資金都投在指數上。也就是說，如果你仍想要自己戰勝股市指數，那麼請記住，不管一開始賺了多少，都不要浪漫的以為打敗市場很容易，而且只能將一小部分的錢配置在個股上。

投資股票務必記住兩件事

我認為，大部分的千萬富翁並不交易股票。他們會長期持有手中的股票，就像買進並長期持有一家公司、一棟房子或一塊土地。

許多國際研究都指出，平均而言，你交易越頻繁，在扣除稅金和費用之後，可以賺到的錢就越少。因此，不要理會CNBC理財節目中那些誇大、誘惑性的說詞，這只會讓你隨市場的風吹草動起舞。不要管那些快速變換、報導下個熱門產業或交易手法的投資通訊。

大部分的有錢人會對他們的事業做出承諾並且投入，買股票就是參與一家公司的事業，而不只是網路上的買賣代號。因此，你應該謹慎購買並且長期持有，就像參與一家公司的經營。

下跌是好事。學會判斷企業好壞

要購買個股的人應該精通兩件事：第一，**必須知道股價何時下跌，股價跌是件好事；第二，必須學會如何判斷企業的好壞。**

在讀完第四章後，你已經了解第一件事。對於長期投資人而言，股市上漲反而令人痛苦。如果想要買股並進行至少為期五年以上的投資，你應該比較希望看到停滯、甚至下跌的股市。當你選擇一家好企業，而且當股市氣氛使得該檔股價盤旋不動時，你必會感到高興並買進更多股票。如果選擇一家穩固的企業，股價復甦的機率很高，市場短期的恐慌氣氛，反而讓你坐收股價被不合理低估的好處。

如何判斷企業的好壞？

要判斷企業好壞，你必須知道哪些是你不知道的。這聽起來很矛盾，但是界定出哪些是你不知道的，可以免於陷入投資黑洞。光了解一家企業做些什麼，以及產生多少營收還不夠，必須非常了解該公司的運作。當然，我們不可能知道某家公司的每一件事。購買個股時，你最好盡量多了解所要買進的企業。

即便某檔股票大受歡迎，例如當前最熱門的科技股「蘋果」，但如果你並不了解他們做什麼事業，最好還是別碰。

這正是我們的投資之友會沒有買蘋果的原因。毫無疑問，它是一家令人驚豔的公司，但我們對該公司不夠了解，不知道他們計畫如何保持競爭優勢。我們只知道二〇〇一年時，這家公司瀕臨絕境，然而拜流行產品的風潮所賜，蘋果成為當今全球人們最喜愛的企業。但是，我們無法確實告訴你這家企業怎麼運作、正在發展什麼，以及為什麼要這樣發展。

我們不知道蘋果未來有什麼願景，也無法確定這些願景能否實現。更重要的是，我們無法告訴你在十年之後，該公司能否依然銷售全球最受歡迎的產品。維持人氣和技術優勢，是蘋果保持成功的關鍵。由於無法判斷未來該公司能做到多好，因此我們不夠格買蘋果的股票，而且可能永遠都不會買。

你聽到這樣的告白，或許會不斷搖頭。也許你就在這個產業工作，對蘋果的產品、未來及財務狀況非常清楚。若是如此，你購買與持有蘋果的股票就是聰明的。但是，如果你像我一樣對科技產業所知有限，最好另闢戰場。

連笨蛋都能經營，就是好企業

知名的美股選股專家林區曾在一九八〇年代，帶領「富達麥哲倫基金」（Fedelity's Magellan Fund）創造卓越的績效。他建議，**投資人應該購買連笨蛋都能經營的企業，因為總有一天，有個笨蛋將會掌管企業**。你所選擇的公司，無法永遠都是由最優秀的領導者掌舵。基於這個原因，投資之友會比較喜歡選擇簡單的企業，而非變動快速的企業。

對於外部投資人而言，變動快速的企業往往比較複雜，相對上比較難分析。另外，這類企業通常股價也比較高。微軟的比爾．蓋茲便認為，實際上，科技產業的股價應該比傳統產業（通常是指歷史悠久的藍籌企業）便宜，因為科技產業的可預測性比較低。但是，現況並非如此。比爾．蓋茲在一九九八年曾經對華盛頓大學商學院學生發表演說：「我認為科技公司的本益比（price-earnings ratio），應該比可口可樂或吉列（Gillette）這類公司低一點，因為我們科技業的經營者要一直面對全新變動的環境。」一家科技公司的未來會是如何？會變得更大？更小？還會消失無蹤？

表9-1：每股5元的股票比每股100美元的股票還貴

	A企業	B企業
股價	每股5美元	每股100美元
企業年獲利	100萬美元	100萬美元
股數	500萬股	2萬股
買下該公司的成本	2,500萬美元	200萬美元
股價除以年收益	25倍	2倍
本益比（每股市價除以每股盈餘）	25	2

搞懂本益比是什麼？

從本益比可以看出一檔股票的股價有多便宜或是多貴。單看股價是沒有意義的，舉例來說，一檔每股五美元的股票可能比另一檔每股一百美元的股票要來得貴。

在表9-1中，我舉個例子。請想像有兩家公司，年獲利都是一百萬美元。

A企業總共發行了五百萬股，每股五美元。因此，買下整個企業，必須付出兩千五百萬美元。

如果該公司的年獲利是一百萬美元，而整個公司的價格是兩千五百萬美元（每股五美元），那麼可以得知該公司的價格是年獲利的二十五倍。

當一檔股票的交易價格比年獲利大二十五倍，我們可以說這檔股票的本益比是二十五（每股市價除以每股盈餘）。

B企業的年獲利同樣是一百萬美元，股價則為每股一百美元。

假設該公司共發行了兩萬股，如果要買下所有股票，並百分之百持有該公司，必須付出兩百萬美元。

由於B企業同樣創造出一百萬美元的收益，因此若是花兩百萬美元買下整個企業，其交易價格是年獲利的兩倍，本益比就是二。所以，每股五元的A企業比每股一百元的B企業貴得多。

檢視現今的科技產業和傳統產業時，可以發現投資科技產業必須承擔兩種風險：

①比較難以預測所投資企業的未來。

②所投資的企業比較貴。請參考表9-2。

你可以發現，相較於傳統產業，科技業的本益比通常比較高，但一般人還是願意花較高的價格搶進科技類股。整體來看，即使把分配到的股利再投資進去，科技類股的投

表9-2：科技業 vs. 傳統業本益比比較表（截至2011年1月）

科技業本益比	科技業公司名稱	傳產業本益比	傳產業公司名稱
22	蘋果電腦	19	可口可樂
23	甲骨文（Oracle）	13	沃爾瑪
26	高通光電（Qualcomm）	20	奇異電器
22	安傑倫（Agilent Technologies）	13	高特利集團（Altria）
25	谷歌	12	嬌生

資料來源：雅虎財經網。

資報酬率還是比傳產類股低。

華頓商學院教授傑諾米・席格爾在他的著作《投資人的未來》（*The Future for Investors*）中指出，**當投資人用分配到的股利再做投資時，買舊經濟股（傳產股）的報酬率會比買新經濟股（科技股）好很多。**

由於傳產股派發的股利通常比較高，因此用股利加碼投資，自然能夠買進較多股票。這些用股利新買進的股票可以為投資人帶來更多股利，這是一種滾雪球效應。席格認為，這正是過去五十年來，埃克森美孚石油、嬌生及可口可樂的股票，最具獲利性的主因。諸如ＩＢＭ與德州儀器

（Texas Instruments）等科技業者，反而不在榜上。

大多數的人並未意識到這一點，寧願花更多錢去追逐高科技類股。這正是為什麼長期來看，大部分有耐心持有傳產股的人，可以輕易打敗科技股的投資人。

免盯盤的好企業，長這樣

你無法控制企業的管理決策，因此應該選擇能夠在產業中屹立不搖的領導者。

我們的投資之友會投資的最佳股票之一，是二〇〇四年買進的可口可樂。我們運氣很好，以每股三十九美元買進，並且確信就這麼好的企業而言，這是很合理的價位。不過，目前股價已比當初漲了七二％，只是本益比相對提高，削弱了我們加碼的意願。我之所以認為可口可樂是買過最好的股票之一，是因為該公司具有**長期競爭優勢，加上股價正逢相對較低點，以及在未來二十年，應該毫無疑問可以創造更多獲利**。

我相信不需要每季盯著可口可樂的營運狀況，在未來的五年、十年，甚至是二十年內，幾乎可以肯定該公司的獲利會更高。畢竟，從企業的歷史來看，這是一家越來越會賺錢的公司。如果我們回溯可口可樂的盈利數字，並以每三年作為劃分點，可以看見該

表9-3：可口可樂的獲利持續成長

每三年為一期	平均每股盈餘
1985年–1987年	26美分
1988年–1990年	43美分
1991年–1993年	72美分
1994年–1996年	1.19美元
1997年–1999年	1.45美元
2000年–2002年	1.57美元
2003年–2005年	2.06美元
2006年–2008年	2.65美元
2009年–2010年	3.21美元

資料來源：價值線投資調查；可口可樂。

公司的成長趨勢。上方表9-3呈現可口可樂自一九八五年來的每股盈餘。

不論如何切割，你都會發現新興市場能為可口可樂帶來更高的獲利。例如，根據該公司二〇一〇年的年報，可口可樂在印度的銷售量箱數比前一年增加一七%，歐亞大陸南部地區的年銷售箱數，則增加了二〇%。拜其廣大且不斷成長的客戶基礎，以及品牌中多種飲料的產品線與強大的競爭地位，可口可樂應該能持續成為世界上獲利最佳的企業之一。

不過，要評價企業的優劣，除了觀察該公司是否能在未來持續保有競爭優勢之外，還有很多方法。

產品價格能提高，就買這家公司

你或許已經意識到投資就像一種機率遊戲，只有一件事可以確定：投資低成本的指數型基金，便能得到和市場一樣的報酬率加上派發的股利。同時，長期來看，你還能打敗絕大部分的專業投資者。不過，投資指數型基金並不是一種防呆機制，我們對股市最有把握的是永遠不知道五年或十年後，市場會怎麼樣。

如果你選擇購買個股，那就更加變幻莫測。因此，如何讓成功站在你這一邊？

你應該購買那些經營相對簡單、產品售價會隨著通貨膨脹而提高的企業。舉一個不符合這些標準的企業，例如美國的電腦製造商戴爾（Dell）。戴爾是一家很棒的企業，但受到電腦產品價格不斷下跌的詛咒。

總體而言，大多數的科技業者最終都必須以更低的價格來銷售產品。想想看，你的第一臺筆記型電腦花了多少錢，而現今的筆記型電腦多麼便宜，功能也比較好。對於像戴爾這類的企業而言，電腦的製造成本是變低了，但是產品售價低廉也擠壓到毛利。當戴爾賣出一臺售價一千美元的電腦，扣除稅金和製造相關成本之後，究竟還剩下多少錢？二〇〇一年至二〇〇五年時，戴爾的平均利潤率是六．三四％。換句話說，每賣出一千美元的產品，戴爾能賺到六十三．四美元的利潤。但是，從二〇〇六年到二〇一〇年，該公司的平均利潤率降到四．〇八％，每賣出一千美元產品，只賺到四十．八美元的獲利。

產品售價的降低會威脅到公司的長期獲利能力，如果無法持續推出更好的產品，獲利就很難維持同樣的水準。但是，百事可樂和可口可樂都不太需要擔心這一點。如果你把自己放在一個冷凍庫中，在二十年後醒來，那時候戴爾還是電腦的品牌嗎？也許是，或者，也可能像許多科技公司一樣化為塵土。

相反的，像可口可樂、嬌生、百事可樂等企業，就比較可能在二十年後仍屹立不搖。不同於科技業者，消費者對品牌有忠誠度，因此這些公司可以提高產品售價，而且沒有太多「創造下一個偉大產品」的壓力。這些企業能夠開發出一個產品、加以行銷，並預期人們在多年後仍會享用。但科技業者無法如此，必須削減售價吸引購買者，否則大家可能會被其他競爭者所推出的新玩意所吸引。因此，科技業的經營環境相對艱困，而且競爭激烈。

低負債水準的公司，可以買進

歷史上，有經濟蕭條也有一片榮景。當然，放眼未來，這兩者都有機會出現。許多專業選股者喜歡負債水準較低的企業，因為他們較能有效因應經濟風暴的來襲。如果經濟衰退，導致比較少人購買某家公司的產品，使其負債水準提升時，這家公司就得承受越大的痛苦。該公司可能不得不裁減員工或賣掉生產設備、建築物或土地，來償還貸款利息。這家公司即便在業界具有長期競爭優勢，但如果必須賣掉太多資產，那麼其地位便無法維持太久。

二〇〇五年，我們的投資之友會買進一檔無負債公司的股票，叫做「快扣」（Fastenal）。這家公司主要銷售建築材料，成功的將經營範疇擴展到美國以外。但是，二〇〇八年時美國經濟衰退，重創不動產建設業，使得公司的業務成長趨緩。不過，由於沒有任何長期負債，因此沒有受銀行借款限制。對於一家自律、無負債或低負債的企業而言，經濟衰退還可能是一件好事。因為他們能夠買下掙扎求生的企業，當衰退結束便可以變得更強大。

其他投資人對於快扣公司的零負債也非常肯定，在建材供應業者陷入低潮，照理來

圖9-1：快扣公司的無負債，讓股價保持穩定

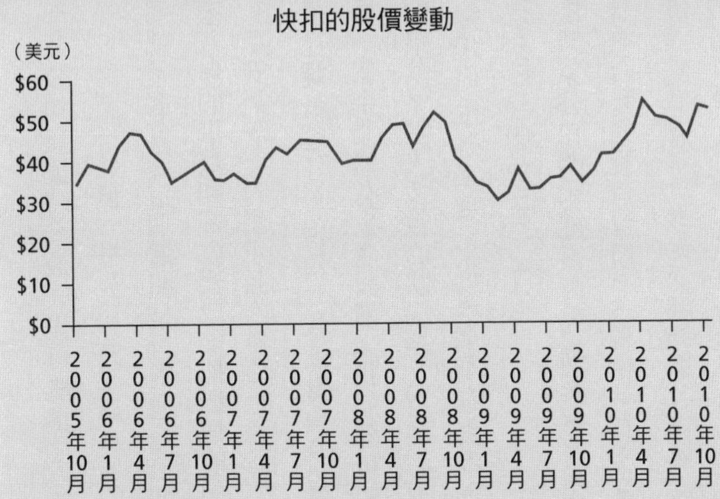

資料來源：雅虎財經網（Yahoo! Finance）。

說該公司在二〇一〇年的股價應該遠低於五年前的景氣大好的水準。

但是，快扣公司的股價，並不像競爭對手一樣在低檔盤旋。我們從圖9-1可以看到，（截至二〇一一年一月的資料）該公司的股價比五年前還高。

有些投資人喜歡檢視「資本負債比」（Debt-to-equity Ratio），也就是公司負債對資產的比例。這是一個相當合理的衡量指標，但我還是比較喜歡選擇零負債的企業。

當涉及公司負債時，最好盡可能讓自己安全一點。有些人將債務分為「好債」與「壞債」，所謂「好債」是公司若能以八%的利率借到錢，然後用這筆錢賺到一五%的利潤，那就是贏家。這個邏輯是行得通，但如果某家公司的營業額在經濟衰退時不斷萎縮，那麼八%的借款利率就變成一把無情的利刃，狠狠的刺殺企業。

但負債多少算多？這可能必須視企業而定。

負債比越低越好。但是，我通常會為投資設定一個不涉及資本負債比的標準。畢竟，如果一個企業擁有生產設備，我怎麼可能希望他們在時局不好時，賣掉這些設備來償還銀行借款？在大多數的狀況裡，企業必須有機器設備才能產生營收，因此我不希望他們賣掉任何生財工具。我通常不看資本負債比，而是觀察公司的「**盈餘負債比**」（Debt-to-earnings Ratio）。

如果某家公司的年度淨收入高於或非常接近負債水準，我就認為在財務上是保守的，相當符合我的投資胃口。（編按：年度淨收入是指總收入扣除業務成本、折舊、利息、稅款及其他開支之後的公司所得。此處是用前三年的年平均盈餘來做計算。）

圖9-2列出幾家全球知名且符合「財務保守」標準的公司。

圖9-2：低盈餘負債比的幾家公司

公司名稱	股票代號	年平均淨收入（2007–2009年）	2010年長期負債	根據年平均盈餘估算還清長期負債所需時間
可口可樂（軟性飲料）	KO	66.57億美元	50億美元	約9個月
嬌生（醫藥用品、醫療設備、消費性產品）	JNJ	126.46億美元	79億美元	約7個月
微軟（軟體）	MSFT	154.38億美元	49.39億美元	約4個月
埃克森美孚（石油）	XOM	350億美元	170億美元	約6個月
星巴克（咖啡店、零售咖啡）	SBUX	5億1,200萬美元	無負債	無負債
愛芙趣（服飾零售業）	ANF	2億4,900萬美元	7,500萬美元	約3–4個月
史賽克（Stryker）（醫療器材）	SYK	10.2億美元	10.8億美元	約12個月

資料來源：價值線投資調查。

資本報酬率高，企業賺錢有效率

請從企業的觀點來思考：你打算買下兩家企業的其中一家，同時，在過去三年間，兩家企業的年平均淨收入都是十億美元。

假設它們的盈餘成長率及負債水準相同，所處的產業也具有一致的特性：在未來許多年內，產品會持續被使用，而且產品價格會隨著通貨膨脹而提高。不過，這兩家公司還是有些差異。

A企業投入一百億美元在廠房、設備及其他資產上，並運用這項投資創造了十億美元的獲利。B企業則投入五十億美元在廠房、設備及其他資產上，並運用這項投資創造出十億美元的獲利。

你覺得哪家公司比較好？我的答案是B企業，因為它比較有效率。B企業能夠以五十億美元的投資，創造出十億美元的獲利，換句話說，總資本報酬率是二〇%。而A企業的總資本報酬率為一〇%，也就是總資產只創造出一〇%的獲利。

總資本報酬率可以衡量企業經營是否有效率，換句話說，能否有效運用股東資金和借款產生收益。我認為企業的價值在於，能否長期善用投資以創造顯著可靠的獲利。

我建議想慎選股票的投資人，訂閱「價值線」（Value Line）的研究報告，可以從中接觸到全球數以千計的企業，而且能夠運用其「投資組合看板」，來檢視哪些企業的資本報酬率最高，並且縮小範圍，看看哪些企業能維持高報酬率。

只看某一年的總資本報酬率，沒有太大意義。如果突然有一年業績很好，或是財務報表做得很棒，企業就能夠出現很高的總資本報酬率，但是好成績未必能夠持續。我們當然要找可以長期展現效率的企業。

二〇一〇年十月，我分析了超過兩千家在「價值線」投資調查中的企業，發現只有不到一〇%的企業的總資本報酬率超過一五%。

另外，在這兩千多家企業當中，只有五%的企業平均總資本報酬率達到一五%，而且持續十年，包括美國大型折扣零售集團ＴＪＸ、知名減重業者慧儷輕體（Weight Watchers）、導航與通訊產品業者高明（Garmin）、高露潔棕欖（Colgate Palmolive）、國際精品業者Coach、醫療器材業者史賽克（Stryker）、可口可樂、百事可樂、微軟、嬌生、星巴克等。

運用「價值線」的股票看板，能夠找到將近一百家企業是**連續十年、總資本報酬率平均達到一五%或以上**。

經營者持股一〇%以上

除了挑選經營有效率的企業之外，確認經營者是否誠實也非常重要。經營者應該坦承面對股東，並將股東的利益放在第一位。

要找出這樣的經營者，得檢視高階經營者的持股是否夠高。**如果經營者本身就是企業的股東，特別是持有一〇%或以上的股票**，他們便可能將股東的利益放在心上。

你也許認為只有規模比較小的企業，員工才能擁有高比例的持股，但事實並不盡然如此。員工持有二〇%以上股份的企業，包括了影音串流服務業者網飛（Netflix）、連鎖披薩店棒約翰（Papa John's International）、如新（Nu Skin）、控股公司波克夏海瑟威（Berkshire Hathaway）、雅詩蘭黛（Estee Lauder），以及本書的出版商約翰威立（John Wiley & Sons）等等。

現在很容易就可以在網路上找到上市企業的高階經營者薪酬，請你將自己想購買的公司和其他同業做比較。如果這些公司賺得錢都差不多，而且處於相同產業，但是其中有位執行長的薪酬比其他人高出甚多，那麼你很可能找到一家沒有將股東利益放在首位的公司。

高額的薪酬只是管理階層有問題的表徵之一。另外，我也不甚苟同那些操弄營收數字、藉此滿足股市分析師的公司。

如果管理階層認為目前的股價被低估，因此從市場上買回股票，這是一種有效運用公司資金的方法，相當合理。

然而，有些企業卻反其道而行，當股價便宜時賣掉股票換取現金，當股市狂飆、股價漲到本益比的三十或四十倍，反而買回股票。這種不斷買高賣低的瘋狂行為，將持續燒掉公司的現金。這樣做的唯一目的是，管理階層希望藉此調整每股獲利，以滿足證券分析師的期待。這種遊戲會摧毀股東的財富。

像偵探一樣察言觀色

我是網路股票看板的愛好者，因為我可以根據自己設定的選擇標準，縮小範圍、列出選股的目標企業。但，對於認真的投資人而言，股票看板只是一個起點，而非終點。

《非常潛力股》（*Common Stocks and Uncommon Profits*）的作者菲力浦・費雪（Philip Fisher），曾經設計出一套系統，讓人們在還沒有網路的時代，可以一窺企業的虛實。費雪會親自拜訪他中意的公司，並了解對方的看法，另外也會提出問題：「你的競爭者有哪些優勢與劣勢？」、「如果要維持競爭優勢，應該要做些什麼？」

關鍵不在於前往企業的公關部門詢問這些問題，而是**置身於產品的製造、銷售及配送的現場，並且當場提問**。網路是很好的資訊來源，卻會讓人變懶，讓我們忽略了親身體驗企業的動作。

例如，我看見住宅建築工地時，通常會走進去問工人使用哪一種快速施工支架。我們的投資之友會持有辛普森製造（Simpson Manufacturing）的股票，因此我總是好奇的想要知道誰在使用該公司的產品？使用者喜歡哪些地方、不喜歡哪些地方？如果我走進工地，聽到辛普森的業務代表是如何容易相處，該公司的產品有多麼棒，就可以得到第一手的現場資訊，不需要從網路上搜尋得知。

身為一家企業的持股者，充分了解公司是很重要的事。你不要走捷徑，因為可能會走失。

設定投資報酬率標準，買在對的價格

看準哪幾檔股票之後，接下來要做的是以對的價格購買。什麼才是好價格呢？這時候，你應該再度想像自己要買下整家公司。

以星巴克為例，在撰寫本書時，該公司的股價是每股二十六美元，總共發行了七億四千萬股。因此，星巴克的總價約為一百九十二億美元。

在過去三年間，該公司的平均淨收入是五億九千八百萬美元，其公告獲利為二〇〇七年六億七千兩百萬美元、二〇〇八年五億兩千五百萬美元、二〇〇九年五億九千八百萬美元。

如果我們付一百九十二億美元買下星巴克，那麼我們當然想知道，在年平均淨收入為五億九千八百萬美元的狀況下，我們的年投資報酬率是多少？

當我們將五億九千八百萬美元除以一百九十二億美元，就知道投資報酬率（或稱為「股票盈餘報酬率」）為三．一％。（編按：股票盈餘報酬率＝每股盈餘／每股市價，即本益比的倒數。）

從企業的角度來思考，如果你以一百九十二億美元買下星巴克，並在扣除稅金和費用後，還可以賺到五億九千八百萬美元，你所投入的一百九十二億美元就可以創造三．一％的報酬。

怎樣判斷這是不是個好交易？你必須視其他選項而定。你可以將股票的投資報酬率拿來和十年期公債的報酬率做比較。市場上沒有一檔股票會比公債更安全，因為高度發展國家的政府基本上不會破產。所以如果你花錢去買一檔報酬率比無風險的公債還低的股票，你應該是個笨蛋。事實上，由於任何股票的未來獲利都是不確定的，因此你必須確認**所購買股票的報酬率應該略高於十年期公債**。多出來的報酬率即是為了要彌補購買股票的風險。

至於應該要求多高的報酬率，則必須個別判斷。如果某家企業成長快速，那麼當該公司過去三年的平均獲利略高於十年期公債時，你或許就願意買進。相對的，如果某家企業成長緩慢，那麼也許要等到公司股票的獲利比十年期公債高出十分之一，你才會感到滿意。因此，假設十年期公債的利率是五%，當這檔股票的報酬率達到五．五%時，才會買進。

二〇一〇年，我們的投資之友會以每股五十七美元購買嬌生公司的股票。在過去三年間，該公司的平均淨收入為一百二十六億四千萬美元。將每股五十七元乘上現有的發行股數，就會得出買下嬌生公司需要大約一千六百億美元。如果把三年平均淨收入除以公司總價值，就可以得出投資報酬率為七．九%。

比較嬌生公司的報酬率與十年期美國公債的利率（二．五二%），我發現持有這檔股票的收益足以彌補可能必須承受的風險，因此我們買進了嬌生公司的股票。

賣股票，聰明選時機

我認為投資人應該長期持有股票，但如果出現以下的狀況，賣掉才是聰明的選擇。

①當公司偏離其核心業務時。

②當股價被過度高估時。

第一個原因不說自明。如果某家企業具有頂尖的巧克力生產技術，卻決定將經營重心轉移到太空旅遊上（一個從來都不曾接觸過的領域），那麼賣掉該公司的股票應該是聰明的做法。

至於第二個賣股票的原因，則需要投資人做一些判斷，並進行一點計算。

當我們賣掉先靈葆雅

二〇〇三年時，先靈葆雅（Schering Plough，該公司已被默克藥廠併購）的股票符合我們投資之友會的標準，於是以每股十五・二四美元買進。該公司的熱門抗過敏藥納寧錠（Claritin）的專利保護到期，因此其他業者能用很低的成本銷售同樣藥物。這是為什麼先靈葆雅的股價會從二〇〇二年的四十美元，跌到二〇〇三年的十五美元的原因之一。不過，我覺得華爾街對納寧錠專利到期反應過度，且太過情緒化。

在股價下跌之前，先靈葆雅雖然是很不錯的企業，但並沒有引起我的興趣。以四十美元買進這檔股票很冒險，因為它的獲利率（股票盈餘報酬率）只有三・八％。這比當時的公債利率還低，而且還必須承受納寧錠專利到期的風險。即便如此，我並未預料到華爾街會一路下殺該檔股票，跌到每股只剩十五美元。

雖然我們對於每股四十美元的先靈葆雅不感興趣（報酬率為三・八％），但是當報酬率增加一倍以上時，我們的興趣就來了。

從表9-4可以看出，在買進該檔股票之前的三年間，先靈葆雅的平均每股盈餘為〇・七五美元。以股價十五・二四美元計算，報酬率為七％。因此，我們買進先靈葆雅股票，並希望股價繼續下跌。

可是二〇〇八年，先靈葆雅股價升到一股二十五美元，而根據前三年的獲利，該公司的年報酬率只有三％，低於十年期公債利率（約四％），因此我們便以每股二十五美

表9-4：先靈葆雅的每股盈餘

年分	**該公司的每股盈餘**
2001	1.58美元
2002	1.34美元
2003	0.31美元

資料來源：價值線投資調查：先靈葆雅2005年投資報告。

元賣掉。

三年賺進六四%的獲利，聽起來也許很迷人，但你也可以將其視為一種失落。如果以一個好價位買進股票，還能隨著企業獲利而成長，那麼投資起來便很輕鬆愉快。若這家企業並沒有偏離核心業務，購買該公司股票的理由仍然存在，便可長期持有，並隨著企業成長賺取豐厚股利。

前文也有提過，我們很少賣個股，而且賣掉的股票最後都出現新的高點。先靈葆雅就是如此，默克藥廠以每股二十八美元收購股票，這比我們賣掉的價錢高出一二%。

整體而言，**你投資帳戶中的交易次數越少，就能賺得越多**。無論你是基金經理人或個人投資者，交易次數少表示較低的費用和稅金，而且通常能帶來更高的報酬率。

但是，要長期持有某家公司的股票，必須盡可能多了解這家公司。為了確保熟悉度和掌握度，我建議你選擇較簡單、可預期的企業，以及經營效率高、比較禁得起時間考驗的公司。另外，也請考量金融海嘯可能對業者帶來什麼影響。特別是在時局不好時，低負債水準的企業往往基礎比較穩固。

當你找到一檔想要購買的個股時，請想像你是要買下整個企業，並用這樣的心態來分析股價。你付出的價錢攸關你能賺到多少。不過，無論擁有多好的選股工具，在加計交易費用和稅金之後，輸給股市大盤指數的機率依然很高。挑戰股市浪潮相當有趣，但還是得搭配分散式指數型帳戶做聰明的投資。

結語

九個致富法則一覽

你也許知道，有些人根本是雙手一攤，等著自己的財務出問題，但是你可以有其他選擇。當這些人出現狀況時，你可以提供一些策略，讓他們能夠做出正確的財務決策。由於學校沒有教導理財知識，因此大多數人在物質生活上花太多錢，投資缺乏效率，而且任由恐懼與貪婪控制了財富。

幸運的話，或許有一天，本書提到的原則會成為高中必修課程中的一部分。這將確保人們能學會負責任的投資，進而促使金融服務業者不再毫無限制的剝削一般投資人。

不論你的年紀有多大、目前擁有多少財富，你都可以運用本書所提的九個法則，以確保自己的財務健全。這九個法則是：

①如果想變成真正的有錢人，就該向他們的花錢方式看齊。

②在還清信用卡債與任何高利率借款之後，儘早投資。

③要投資低成本的指數型債券而非主動型基金，因為沒有人能夠持續挑選出「會贏」的主動型基金。

④了解股市的歷史與投資心理，就不會捲入每個年代都會爆發的瘋狂行為（通常不只一次）。

⑤用股市指數型基金和債券指數型基金，建立一個完整且平衡的投資組合，就能夠輕易打敗大部分的投資專家。
⑥不論你住在哪裡，都請建立一個指數化投資帳戶。
⑦學會抵抗理財專員的推銷說詞。
⑧避免陷入誘發貪婪的騙局。
⑨如果你真的非買個股不可，請撥出一小部分的資金，並選擇一位像巴菲特一樣的導師。

希望你長壽、富裕，並且將所學到的東西傳承下去。

國家圖書館出版品預行編目（CIP）資料

我用死薪水輕鬆理財賺千萬：16歲就能懂、26歲就置產的投資祕訣／安德魯・哈藍（Andrew Hallam）著；丁惠民譯.
-- 二版. -- 臺北市：大是文化，2020. 07
288面；14.8X21公分 . --（Biz；333）
譯自：Millionaire Teacher: The Nine Rules of Wealth You Should Have Learned in School
ISBN 978-957-9654-95-1（平裝）
1. 投資　2. 個人理財
563　　109006515

Biz 333

我用死薪水輕鬆理財賺千萬

16歲就能懂、26歲就置產的投資祕訣

作　　者／安德魯・哈藍（Andrew Hallam）
譯　　者／丁惠民
校對編輯／江育瑄
美術編輯／林彥君
副 主 編／馬祥芬
副總編輯／顏惠君
總 編 輯／吳依瑋
發 行 人／徐仲秋
會　　計／許鳳雪
版權經理／郝麗珍
行銷企劃／徐千晴
業務助理／李秀蕙
業務專員／馬絮盈、留婉茹
業務經理／林裕安
總 經 理／陳絜吾

出 版 者／大是文化有限公司
臺北市100中正區衡陽路7號8樓
編輯部電話：（02）23757911
購書相關資訊請洽：（02）23757911　分機122
24小時讀者服務傳真：（02）23756999
讀者服務 E-mail：haom@ms28.hinet.net
郵政劃撥帳號：19983366　　戶名：大是文化有限公司

法律顧問／永然聯合法律事務所
香港發行／豐達出版發行有限公司
Rich Publishing & Distribution Ltd
地址：香港柴灣永泰道70號柴灣工業城第2期1805室
Unit 1805, Ph.2, Chai Wan Ind City, 70 Wing Tai Rd, Chai Wan, Hong Kong
Tel：21726513　Fax：21724355　E-mail：cary@subseasy.com.hk

封面設計／林雯瑛
內頁排版／Winni
印　　刷／緯峰印刷股份有限公司

■ 2020年6月30日二版
ISBN 978-957-9654-95-1

Printed in Taiwan
定價：新臺幣340元